Andreas Hase · Der Tod macht leicht

Andreas Hase

Der Tod macht leicht

Sich mit dem eigenen
Sterben auseinandersetzen

nymphenburger

Umschlaggestaltung von STUDIO LZ unter Verwendung eines Farbfotos von shutterstock/nadtytok.
Die Illustration auf der Buchinnenseite stammt von Andreas Hase.

Haftungsausschluss
Alle Angaben in diesem Buch erfolgen nach bestem Wissen und Gewissen. Sorgfalt bei der Umsetzung ist indes dennoch geboten. Der Verlag und der Autor übernehmen keinerlei Haftung für Personen-, Sach- oder Vermögensschäden, die aus der Anwendung der vorgestellten Materialien, Methoden oder Informationen entstehen könnten.

Unser gesamtes Programm finden Sie unter **nymphenburger-verlag.de**

Gedruckt auf chlorfrei gebleichtem Papier

ISBN 978-3-485-02977-3
Projektleitung: Dr. Stefan Raps
Redaktion: Annette Ahlborn
Gestaltung und Satz: Satzwerk Huber, Germering
Produktion: Angela List
Druck und Bindung: CPI books GmbH, Leck
Printed in Germany/Imprimé en Allemagne

INHALT

WAS DAS BUCH BIETET

STERBEN HEUTE – HEUTE STERBEN

VORBEREITEN AUF DAS UNVERMEIDLICHE

CHRISTLICHE ABSCHIEDSKULTUR

HEIMGANG

WIE WIR STERBEN

ARS MORIENDI – DIE KUNST DES STERBENS

DER WARME ATEM DES KALTEN TODES

FAST TOT: NAHTOD-ERFAHRUNGEN

DER ABSCHIED

WAS DAS BUCH BIETET

Wenn die Eltern gehen

Ich habe an seinem Bett gesessen. Und ich möchte erzählen von dem, was dort war. Es hat lange gedauert, bis ich darüber hinweggekommen bin. Damals, als mein Vater mit 77 Jahren gestorben ist. Sein Weg war ein anderer als der meiner Mutter; freilich, jeder Weg ist eigen, einmalig und unverwechselbar. Doch seiner war sehr entschlossen, er nahm fast keine Umwege, er ging sehr gerade durch das wartende Tor, er wankte kaum. Natürlich hatte seine Krankheit ihm den Weg gewiesen, da gab es kein Rechts oder Links, keine Wahl und kein Entkommen. Er wurde in den Tod gezogen wie an einer Schnur.

Der Gedanke ließ mich damals lange nicht los: »Ich werde nie wieder einen Vater haben.« Ich dachte immer wieder an meinen Vater, seinen Kampf, seinen Tod, aber auch an sein Leben, was er war, wofür er stand. Ich erinnere mich, dass ich als junger Mann noch mit nachsichtigem Lächeln an die Erdbeeren dachte, die er in seinem Kleingarten geerntet hatte. *Erdbeeren.* Ich dachte oft an ihn. Ich erinnerte mich an vieles, viele Begebenheiten, die ich längst vergessen wähnte. Es gab viel Gutes, manches Schlechte, viel Vertragen, schöne Zeiten und Zeiten mit viel Streit. Aber eines war immer da, mein ganzes Leben lang war es immer da: er. Und es dauerte Tage, Wochen, bis ich merkte: Er ist noch immer da. Nicht so, wie ich ihn als Kind gebraucht hatte – aber so, wie ich ihn als Mann brauchte, selbst längst Vater erwachsener Kinder. Und ich begriff: Er wird immer da sein. Da ist kein Ende. Ich werde immer einen Vater haben. Und Erdbeeren zu ernten, in

Frieden und Freiheit, ist etwas Großartiges, auf das man stolz sein kann.

Es waren diese Gedanken, als ich am Bett meiner Mutter saß, und Gott sei Dank hatte ich diese Zeit, diesen halben Nachmittag, um mich an ihrem Bett von ihr zu verabschieden. Sie war tot. Verstorben letzte Nacht in ihrem Bett. Als ich sie anfangs betrachtete, sah sie für mich sehr fremd aus. Ja, ich glaube fast, ich hätte die Gesichtszüge kaum erkannt, hätte ich nicht gewusst, dass sie es ist. Ich saß neben ihr und stellte mir vor, dass ich ihr die Hand reiche. Ich stellte mir vor, dass sie sie nimmt. So saßen wir eine Weile schweigend.

Ich erinnerte mich an viele Situationen, kleine Geschichten und große. Ich erinnerte mich, dass sie früher mit mir betete, wenn sie mich ins Bett brachte – es war immer »Müde bin ich, geh zur Ruh ...«, oder zumindest will es meine Erinnerung so. Ich erinnerte mich an diesen Tag, an dem ich eine harmlose ambulante Operation an meiner linken Hand hatte, vielleicht war ich acht oder neun. Abends ließ die Betäubung nach und ich lag auf unserem grünen Sofa im neongrellen Wohnzimmer und weinte vor Schmerz. Sie saß neben mir, ihre Hand auf meiner Stirn. Und weinte mit. Das tut nur eine Mutter. Ich erinnerte mich an viele Dinge, kleine und große. Und eines war immer da, mein ganzes Leben lang war es immer da: sie. All diese Gedanken zerronnen auf einmal zu einem klaren Bild: Ich sah sie als kleines Kind, vier oder fünf, sie rannte los und, als sei sie mir vom Schoß gesprungen, sah ich ihr hinterher, sie rannte auf ihre Eltern zu, auf Oma und Opa, die sie mit offenen Armen und riesiger Freude und jungen Gesichtern in Empfang nahmen. Ich rief im Geist:

»Ja, lauf, renn, flieg …«, und wusste: Alles ist gut. Genau so, wie es jetzt gerade ist, alles ist gut so.

Ich glaube, meine Eltern waren das Beste, was mir passieren konnte. Sie haben mich nicht nur immer getragen, manchmal haben sie mich auch gezogen, geschoben und geschubst. Nur – losgelassen haben sie mich nie.

Dann klopfte es an der Tür. Als ich meinen Blick wieder anhob und in ihr Gesicht sah, hatte es sich verändert. Ich bin mir sicher, es hatte sich verändert. Da war wieder das Liebevolle, das Sanfte in ihrem Ausdruck. Doch noch etwas hatte sich dazugelegt: Es sah aus wie … Weisheit. Ich habe nie Weisheit im Gesicht meiner Mutter gesehen, jetzt war sie da. Schönheit. Als sie ging, war sie schön. Eine Königin. Es klopfte wieder. Der Bestatter. Da ist kein Ende. Sie werden immer sein für mich. Ich widme beiden dieses Buch, denn im Grunde ist es ihres.

Wir können uns auf den Tod vorbereiten

Meine Eltern starben nicht kurz hintereinander, wie man das manchmal von älteren Ehepartnern hört. Meine Mutter verbrachte nach dem Tod meines Vaters noch einige mehr oder weniger zufriedene Jahre in der vormals gemeinsamen Wohnung, bevor sie ihm letztlich folgte. Beide starben sie hinein ins Ungewisse, mein Vater von meiner Familie und mir begleitet, meine Mutter allein in der Nacht, halbwegs überraschend. Mit 87 ist das in Ordnung, möchte man meinen. Im Nachhinein betrachtet merkte ich aber, dass ich überhaupt keine Ahnung davon hatte, was ich bei der intensiven Begleitung meines Vaters gemacht hatte, und noch viel weniger von dem, was mit meinen Eltern eigentlich geschehen war. Wo waren sie hin? Sie waren gestorben, so viel wusste ich, aber sie starben in eine tiefe Ungewissheit hinein. Eine Ungewissheit, die ich teilte. Es stellte sich die Frage, ob das immer so sein muss – ob es nicht besser wäre, sich vorzubereiten auf diesen Tag, der für jeden kommen wird. Im Lärm des Alltags blickt man allzu oft nur nach hinten, da man insgeheim weiß, dass ganz weit vorn eine Frage wartet, auf die wir keine Antwort haben. Das Leben mag manche Möglichkeit bieten, sich wegzuducken. Nicht so der Tod.

So fasste ich den Entschluss, mich ehrenamtlich als Sterbebegleiter zu engagieren, und durchlief eine Ausbildung hierfür. Das vorliegende Buch enthält keine Checkliste, was wann wie vorzubereiten wäre – es ist keine Bedienungsanleitung zum Sterben. Es ist ein sehr persönliches und zutiefst spirituelles Buch, dem viele Erfahrungen zugrunde liegen, die ich während meinen Begleitungen machen durfte. Die Grundaussage? Sie steckt im Titel.

Ein »Spirituelles Testament« anlegen

Die normale und bekannte Möglichkeit, sich auf den eigenen Tod vorzubereiten, ist das Verfassen eines Testaments, um zu regeln, was mit meinem Hab und Gut geschehen wird. Daneben mögen manche an Patientenverfügungen denken, an Betreuungsvollmachten und dergleichen. Ja, sicher: wichtig. Und deswegen finden sie hier auch Erwähnung. Doch in der Hauptsache geht es darum, die innere Einstellung zum Tod zu finden. Es geht darum, ein »Spirituelles Testament« im besten Sinn zu erstellen – nicht eines, das ich als Checkliste im Internet herunterladen kann, in dem ich ankreuze, ob ich nun Buddhist, Katholik, Protestant, Anthroposoph, Agnostiker oder Atheist bin. Ich kann meine Beerdigung akkurat planen, welche Musik gespielt werden soll, Friedhof, Ruhewald oder Seebestattung –- all dies ist gut zu regeln, nichts davon ist verkehrt. Doch ein »Spirituelles Testament«, wie ich es meine, geht darüber hinaus, es muss nicht einmal niedergeschrieben sein. Wenn es ans Sterben geht, dann ist das Wichtigste, dass ein »Spirituelles Testament« als *innere Haltung der Würde* in meinem Herzen eingeschrieben ist. Dass ich eine Vorstellung und – wichtiger – ein Gefühl dafür habe, was da auf mich wartet, welchen Unwägbarkeiten ich auf diesem letzten Weg begegnen kann, und die weitgehende Gewissheit, dass ich mich darauf bestmöglich vorbereitet habe. Ob auf meiner Beerdigung nun der Radetzky-Marsch gespielt wird oder ein Requiem, spielt dagegen keine so große Rolle.

Einladung zum Verweilen

Dieses »Spirituelle Testament« ist eine innere Entwicklung, es wird kaum von heute auf morgen entstehen; jede *Haltung* muss in einem Prozess entstehen. Sie wird beim Lesen durch viele Impulse angestoßen, die vielleicht auch zwischen den Zeilen aufzuspüren sind. Es geht darum, dem Tod hinter die Maske zu sehen, zu erkennen, dass er auch als guter Freund kommen kann. Der Tod ist unermesslich, und er ist mehr als immer nur der große Beender, der alles Leben in seiner Blüte bricht. Der Tod kann ein Freund sein.

Darüber hinaus folgen den einzelnen Abschnitten jeweils Einladungen und Übungsvorschläge, die während des Lesefortgangs des Buches gemacht werden können, um die Impulse zu vertiefen. In innerer Ruhe und Ausgeglichenheit. Manche dieser Einladungen kann man sicherlich mit einem Freund, einer Freundin gemeinsam machen, andere in der Gruppe, wieder andere macht man besser alleine.

Es ist nicht notwendig, die Übungen in der Reihenfolge des Leseflusses durchzuführen. Sicherlich ist es aber ratsam, sie mehr als einmal zu machen. Sie entfalten ihre Wirksamkeit nicht durch das Erlesen, sondern nur durch das Erleben. In ihrer Einfachheit werden sie jedes Mal eine andere Wendung nehmen, neue Perspektiven und Bilder entstehen lassen und neue Wege aufzeigen. Hat man sie einmal verinnerlicht, wachsen und gedeihen sie wie ein Samenkorn, das man in seinem Herzen gepflanzt hat. Es hilft, das Korn von Zeit zu Zeit zu wässern und Sonnenlicht hineinzulassen und so die Übungen nicht in Vergessenheit geraten zu lassen.

Natürlich können diese themenbezogenen Anleitungen festgehalten und wie in einem Tagebuch notiert werden, um wertvolle Gedanken und Anstöße nicht wieder zu verlieren. Letztlich entsteht so ein ganz persönliches »Spirituelles Testament«, das aufbewahrt und auf das immer wieder zurückgegriffen werden kann. Die Übungen werden dazu beitragen, dass sich diese innere Einstellung zum Tod entwickeln kann, die auf wunderbare Weise viel mit unserem Leben zu tun hat. Sie sind auf das Einfachste reduziert, jeder kann dieser Einladung folgen. Sie sind die eigentlichen Themen des Lebens.

Die Einladungen zu den Übungen gehen zurück auf die Naturheilpraxis Nordmann in Diez, Bettina Nordmann und meine Frau Barbara Hase. Bettina hat ihre Erfahrung als Sozialpädagogin, Kinderkrankenschwester auf Intensivstationen und als Heilpraktikerin einfließen lassen, Barbara als Psychotherapeutin in Ausbildung, Schauspielerin und ausgebildete Sterbebegleiterin wie ich.

Ich möchte mich bei den vielen Menschen bedanken, die an dem Buch in vielfacher Weise mitgewirkt haben. Nennen möchte ich Volkmar Müller, Nicolle Kügler, Alina Hase, Rohini de Silva, Dr. Hanno Heil, Frau Dr. Ursula Stumpf, Pfarrerin Andrea Aippersbach für ihren Rat, ihr Wissen und ihre Hinweise. Pater Dr. Heinrich-Bodo Lentzen-Dies, Mathilde Frenkle und andere, die mich mit ihrem Tode lehrten, wie würdevoll und groß das Sterben ist. Danken möchte ich auch der Sängerin und virtuosen Songschreiberin Alva Lün (Andrea Pfeifer), die mit ihrer Musik direkt zur Seele spricht, weswegen es ohne sie dieses Buch nicht geben würde. Ihre Nahtod-Erfahrung soll stellvertretend für Tausende andere weltweit hier festgehalten werden.

Mein Dank gilt insbesondere auch dem Lektorat des Verlags, Herrn Dr. Stefan Raps und seinem Team, das das Buch mit Umsicht, Fachwissen und Ermutigung begleitet und unterstützt hat. Letztlich gilt mein Dank auch einigen »Brüdern im Geiste« – sie werden wissen, wer gemeint ist und so die Übungen nicht in Vergessenheit geraten zu lassen.

STERBEN HEUTE – HEUTE STERBEN

Das Mysterium des Todes ist unfassbar

Seit Anbeginn der Zeit scheut der Mensch ehrfürchtig zurück vor dem dunklen Rätsel, das sich vor ihm auftut, sobald er vor einem Leichnam steht. Wie an einer Weggabelung angekommen, sieht er auf der einen Seite ein Stück weit in ein unbekanntes, fernes Land, in dem sich der Verstorbene verloren hat. Auf der anderen Seite sein eigener Weg, den er zu gehen hat. Haben wir alle das gleiche Ziel?

Manchmal kommt der Tod »wie ein Dieb in der Nacht«, dem Nächsten erscheint er wie ein grässlicher, traumgrauer Dämon, anderen als lang ersehnter Erlöser von unerträglichem Leid. Und manchmal wird er gar selbst herbeigerufen, als erhoffter Befreier von scheinbar überwältigenden Sorgen, von blankem Vernichtungsschmerz oder erdrückendem Kummer. Doch wenn der Tod das Zimmer betritt, fühlt er sich immer kalt und fremd an. Wir können ihn nicht begreifen, denn er ist nicht zu fassen und er verliert niemals seinen Schrecken ganz. Wie kann der geliebte Mensch, gerade noch warm und weich, wie kann er nicht mehr in diesem Körper sein, in dem eben noch das Blut rauschte und Gedanken und Gefühle waren – wenn nicht mal Atem mehr die »Sterbezimmerstille« bricht? Fassungslos sehen wir, dass von dem vielleicht gerade noch fieberbebenden Menschen nichts als Kälte und namenlose Leere bleibt. Versunken in der Ewigkeit lässt der Verstorbene uns zurück in einer einsamen Welt ohne Hoffnung und Glaube – wird sein Blick doch niemals mehr in unserem ruhen. Weltvergessen stehen wir neben dem Geschehen, dessen Tiefe wir kaum ahnen können und nichts ist mehr, wie es war. Wo ist er? Kein fühlender Mensch kann sich dem entziehen, wenn das Leben flackernd verlischt und turmhohe Wogen aus Schmerz und tiefer Trostlosigkeit über uns zusammenschlagen. Selbst in den tiefsten Tiefen wallt und wirbelt alles, unsere Trauer lässt keinen Stein auf dem anderen. Wir erkennen die Dinge nur noch wie durch einen Tränenschleier und jeder Atemzug in dieser Welt wird unerträglich. Was wir Zurückgelassenen nun brauchen, ist Zeit: Nur in seichten Tümpeln verebben hohe Wellen schnell.

Für Sterben und Tod gibt es keinen Platz

Ob der Tod plötzlich in das Leben tritt und wie mit einem Schnitt alles beendet, was vormals war, ob der Abschied sich durch die unmenschliche, aber medizinisch korrekte Diagnose »austherapiert« bereits lange im Voraus ankündigt oder ob ein langes Leben in langsamem Siechtum verwelkt: Nur allzu oft wird der Tod verdrängt und verschwiegen, verleugnet und verneint, solange es nur irgend geht. Mich der gnadenlosen Erkenntnis zu stellen, dass ein geliebter Mensch mich und alles verlassen wird, ist unerträglich, fällt oft unendlich schwer. Und was mag es erst bedeuten, wenn ich die Hand *meines eigenen* Todes auf der Schulter spüre wie einen kalten Schatten, wenn sein Griff langsam fester wird und sich der Abschied vor den eigenen Augen auftut wie ein schwarzer Abgrund, ein dunkler Schlund, in den alles hineingerissen zu werden droht. Die Entsetzlichkeit dieses Gefühls lässt sich in der Helligkeit des Hier und Heute gar nicht ermessen, nicht in Zeiten von Ruhe, Gesundheit und Zuversicht.

Sterben und Tod. Für beides lässt unser Leben in seinem schneller werdenden Fluss, in seiner makellosen Fehlerlosigkeit keinen Raum. Wir haben alles dafür getan, unsere eigene Endlichkeit aus unserem Leben zu drängen, wir verlegen sie in die Verschwiegenheit von Heimen, Hospizen, Sterbehäusern, die mit uns und unserer heilen Welt nichts zu tun haben (sollen). Mehr als die Hälfte aller Menschen weigert sich beharrlich, sich mit dem eigenen Tod auseinanderzusetzen, zu groß ist die Angst, zu furchtbar die Gedanken an das eigene Ende. Wir negieren und leugnen, verdrängen und verschweigen, lügen, rennen, verbergen. Freilich wird das Leben eines Tages jeden einladen, den Tod zu schmecken, vielleicht erst den eines anderen, ganz sicher aber auch einmal den eigenen. Die lebenslange Angst vor dem Unvermeidbaren, die Weigerung, sich auf den eigenen Sterbeweg einzulassen, schlägt spätestens jetzt um in namenloses Entsetzen: Die Kunst des Sterbens will gelernt sein. Der Tod will gesehen werden, inmitten des blühenden Lebens, nicht erst an seinem verdorrenden Rand. Leben, Sterben, Tod: Dies ist kein Längsschnitt des Seins – es ist sein Querschnitt.

Wehrlos und wund bleiben wir zurück

Zu Zeiten, als der Tod noch zum Leben gehörte wie die Geburt, als noch viele Verstorbene in demselben Zimmer aufgebahrt wurden, in dem sie auch geboren waren, war das ganz anders. Der Tod fand mitten unter den Menschen statt, zu Hause, eingebettet in die Fürsorge der nahen Familie oder auf der Straße und vor aller Angesicht. Alte Traditionen und tief verwurzelte Rituale bestimmten den schweren Alltag und führten die Menschen durch diese drückenden Zeiten wie weithin sichtbare Leuchtfeuer.

Heute aber schrecken Meldungen über Menschen auf, die verlassen einen einsamen Tod in einer kalten Zweizimmerwohnung in der Betonwüste irgendeines Wohnsilos starben, unbemerkt und still, wochenlang von niemandem vermisst. Wie vielen Menschen dieses Schicksal droht, wie viele alte und verzweifelte Menschen in einer solchen Vereinzelung leben müssen, vereinsamt und allein gelassen in ihrer körperlichen und seelischen Not, ist unbekannt. Unsere heutige Lebensart, die die Großfamilie nicht mehr kennt, dafür aber von jedem Flexibilität und Mobilität erwartet, lässt Menschen zurück, die mit dieser Geschwindigkeit nicht mehr Schritt halten können. Familien werden über die ganze Welt verstreut, die Kinder und die nachfolgenden Generationen können sich nicht mehr so um ihre alternden Eltern kümmern, wie dies zu früheren Zeiten noch üblich war. Der Erfolgsdruck im Beruf führt in den USA bereits dazu, dass jedes Jahr mehr als 20 Prozent der Menschen umziehen (müssen), dem Job und dem Erfolg hinterher. Anders gesagt: Alle fünf Jahre wird die Einwohnerschaft einer Region vollständig ausgetauscht. Deutschland folgt diesem Trend, wenn auch etwas langsamer – zurück bleiben die Wunden und Wehrlosen, der Willkür einer Welt ausgeliefert, in der sie sich nicht mehr zurechtfinden. Eine afrikanische Weisheit sagt, man brauche ein ganzes Dorf, um ein Kind großzuziehen. Das braucht man aber auch, um einen guten Tod zu sterben – wie soll beides funktionieren, wenn ich nicht einmal mehr meine direkten Nachbarn kenne?

Dabei wird der Wunsch nach einem Sterben in der behüteten Geborgenheit des eigenen Zuhauses, nach einem »guten Tod«, in Statistiken deutlich. Eine große Mehrheit der wenigen, die sich überhaupt damit beschäftigen, möchte im Eigenheim, in der Obhut geliebter Menschen, in vertrauter Umgebung, inmitten des ruhigen Stroms gewohnter Gerüche und Geräusche sterben. Die Behauptung jedoch, dass man nur hinter vorgehaltener Hand über das Sterben spräche und es totgeschwiegen werde, trifft heute nur noch bedingt zu. Große Fernsehsender haben dem Sterben Themenwochen gewidmet und schon gibt es mehr Hospize als je zuvor. Die sogenannte *Palliativmedizin* hat sich aufgemacht, die Todesqualen im Sterbeprozess abzumildern, und ist dabei zusehends erfolgreicher. Auch das ganz persönliche Sterben wird thematisiert, Lebensversicherungen werden abgeschlossen, Testamente gemacht, selbst Patienten- und Betreuungsverfügungen werden mehr und mehr niedergeschrieben, immerhin bereits von über 40 Prozent der Menschen: Das Zählbare wird geregelt.

Auch wenn mehr als je zuvor eher in Institutionen und entsprechenden Einrichtungen gestorben wird, ist es kein

Tabu mehr, darüber zu sprechen. Im Gegenteil: Wir haben den Sterbeprozess in seine Einzelteile zergliedert, in Phasen eingeteilt und geordnet und wissen nach der Diagnose oft ziemlich genau, wann welches Organ ausfallen wird. Wir wissen uns gegen schleichende Erstickungsanfälle und überschäumende Panikattacken zu wappnen, gegen bohrenden Vernichtungsschmerz, entsetzliche Todesangst und Haut und Knochen durchpflügende Tumore: Fast niemand muss mehr unerträgliche Qualen leiden auf dem letzten Weg.

Im Strudel von Tod und Sterben

Und mehr noch: Im Grunde sind wir allenthalben umgeben von Tod und Sterben. Sie nehmen uns in ihre Mitte, sind uns auf Schritt und Tritt ständige Begleiter. Zwar bahren wir unsere Toten heute nicht mehr in unserem Wohnzimmer auf, dafür flimmert das Verderben jeden Abend über unsere heimischen Bildschirme, wir winden uns in wohligem Gruseln und beugen uns gleichsam zusammen mit Rechtsmedizinern über die kürzlich Verstorbenen, um deren Todesursache zu ermitteln. Ganze Kriege und Genozide wüten bestens dokumentiert durch die Wohnzimmer der zivilisierten Welt. »I don't let anybody walk through my mind with his dirty feet!«, meinte Mahatma Gandhi einmal – wusste er, was uns erwartet? Ahnte er diese »Verschmutzung der Innenwelt«, die an Giftigkeit der Umweltverschmutzung in nichts nachsteht? Viele legen höchsten Wert auf ein gepflegtes Äußeres, doch nur wenige kennen den Wert eines gepflegten Inneren. So erleben wir Tod und Sterben ständig – aber nur als Zaungäste. Bis er sich in unser eigenes Leben schleicht, erleben wir den Tod als unbeteiligte Augenzeugen, hineingerissen in blutige Gewalttätigkeiten, die uns eingetrichtert und so *in uns* angerichtet werden. Was wir für Tod und Sterben halten, sind in Wahrheit doch nur die hässlichen Bilder, die wir uns von Tod und Sterben machen. Schlimmer noch: Bilder, die *andere* für uns gemacht haben und die wir nun für wahr halten. Und wie viel haben diese Bilder mit dem zu tun, was uns eines Tages ereilen wird? Ist es ein Wunder, dass uns vor dem Tod so graust, dass wir vor ihm weglaufen müssen?

Doch wir sind Meister des Verdrängens und blenden den wirklichen, den eigenen Tod mithilfe dieser Bilder von ihm so lange aus, bis er uns persönlich einholt und betrifft. Und nun kommt noch hinzu, dass uns unser persönliches Sterben längst aus der Hand genommen wurde, es wurde industrialisiert wie die Massentierhaltung, die sich genauso im Verborgenen abspielt wie alles andere, was der öffentlichen Wahrnehmung entrückt werden soll. Es ist in Krankenhäuser und Pflegeheime gepfercht worden, Ärzte, Pflege- und Pharmakonzerne, Bestatter, Friedhofsverwaltungen und private Großkrematorien teilen den Markt unter sich auf – schließlich stirbt in Deutschland jährlich etwa ein Prozent der Bevölkerung, fast 830.000 Menschen. Das will organisiert, standardisiert und funktionalisiert werden. Durch diese »Ökonomie und Technologie des Sterbens«, wie es der Soziologe Klaus Feldmann nennt, »*werden* die Menschen gestorben«. Beginn und Verlauf des Sterbeprozesses, wohl das Privateste und Persönlichste, was wir je in unserem Leben tun werden, haben wir fremd vergeben, sind unserer Kontrolle entglitten, werden vor allem in Krankenhäusern und Heimen von Menschen geregelt, die wir nicht kennen und die uns manches Mal nicht geheuer, geschweige denn: sympathisch sind. Freilich ist es eine Branche, die nur den Regeln des Marktes gehorcht und auf die vermeintlichen Bedürfnisse sterbender Menschen eingeht, die nicht wissen, wie ihnen geschieht. Es ist nicht einmal ein Vorwurf: eine Branche, die längst dem wirtschaftlichen Regime unterliegt, die nicht anders funktioniert als die Kfz-Branche, der Einzelhandel oder ein Logistikunternehmen. Und denselben Zwängen unterliegt.

Wenn wir heute über das Sterben reden und es in all seinen Stufen beschreiben, dann meistens, wenn es um uns herum gerade *nicht* passiert und es uns persönlich nicht zu nahe kommen kann. Wir reden vom Sterben der anderen oder von einer fernen Zukunft. Wir lesen vom Sterben: »Eine Befragung von Pflegenden über den Sterbeprozess von terminal kranken, nicht dementen Menschen, die willentlich jede Nahrungs- und Flüssigkeitsaufnahme verweigerten, zeigte, dass 85 Prozent der Menschen innerhalb zwei Wochen verstarben. Auf einer Skala zur Qualität des Sterbens (0 = sehr schlechtes Sterben, 9 = sehr gutes Sterben) wurde der Sterbeprozess von den zuständigen Pflegenden mit einem mittleren Score von 8 bewertet. Diese Beobachtungen unterstützen die Hypothese, dass ein Verzicht auf künstliche Flüssigkeitszufuhr das Sterben in physiologischer Weise erleichtert.«

Der Tod – Spielraum des Lebens

Die medizinische Organisation von Sterbeverläufen ist mechanisiert, bis zur Unkenntlichkeit zergliedert in funktionale Abläufe, die von hochgradig spezialisierten Fachleuten gesteuert werden. Dass jeder Sterbensweg immer im Tod mündet, ist eine Binsenweisheit, die dabei selten in den Blick genommen wird. Sterben und Tod, der Weg und das Ziel, sie werden im gesellschaftlichen Diskurs zunehmend voneinander getrennt – mit der statistischen Erfassung des letzten Atemzugs vergeht oftmals auch jede weitere Beschäftigung mit dem Thema Tod. Der Sterbeprozess wird erforscht, erkundet und erklärt – nur über den Tod wird geschwiegen. Wir lassen ihn nicht gelten. Die medizinische Organisation von Sterbeverläufen ist wie die Betriebsanleitung eines Autos, in der genau erklärt wird, wie man hineingelangt, welcher Knopf wann zu drücken ist, um den Motor zu starten – doch wohin dann die Reise führen mag: Schweigen. Ab hier werden wir alleingelassen. Der Tod ist entzaubert. Zum Nichtsein erniedrigt.

»Mit dem Tod habe ich nichts zu schaffen:
bin ich, ist er nicht. Ist er – bin ich nicht!«
EPIKUR (CA. 341–271 V. CHR.)

Bis heute scheint diese Weisheit zu gelten, die uns der große griechische Philosoph bereits vor über 2000 Jahren augenzwinkernd mit auf unseren steinigen Weg gab. Allerdings läuft man Gefahr, dass das Augenzwinkern quer im Halse stecken bleibt, denkt man nur einmal darüber nach. Dabei gibt es nur einen einzigen Weg, wie wir in diese Welt geraten: Wir werden in sie hineingeboren. Nichts anderes führt uns hierher. Am Anfang sind wir alle gleich, wir alle passieren den Geburtskanal, mal mit mehr, mal mit weniger Glück. Und es gibt auch nur einen einzigen Weg hinaus: Wir sterben. Unser aller Weg führt durch diese beiden Tore, immer und unbedingt. Da gibt es kein Entrinnen: *Keiner kommt hier lebend raus!* Vielleicht hat Epikur mit seiner Meinung über den Tod recht und wir haben im Leben nichts mit ihm zu tun – doch sein Zitat lässt das Sterben außer Acht, den *Todeskanal*, der mitten im Leben beginnt. Denn »Sterben« ist der Name der letzten Straße, die ich auf meinem Lebensweg zu gehen habe. Und wenn es passiert, werde ich dabei sein. Wer sonst soll sie gehen? Ich werde sie gehen!

Sterben ist ein Weg, der nach innen führt. Niemand, der diesen Weg je zu Ende gegangen ist, kann uns von ihm berichten, kann erzählen, von den Dingen, den Wesen, die er sieht, erlebt, berührt. Der Weg führt an unbekannte, geheimnisvolle Orte, die ein Lebender nicht betreten kann, keiner kann einem Sterbenden allzu lange folgen. Es bleibt ein sehnsuchtsvoller, namenloser Pfad, der in ein verschlossenes, stilles Land namens *Tod* führt, und es ist ein Leben lang dem eigenen Gutdünken, den Mutmaßungen und dem Glauben überlassen, sich hiervon Bilder und Vorstellungen zu machen. In einem zähen Ringen um unsere Seelen und Geister, unseren Glauben und unsere Überzeugungen schlagen die Naturwissenschaften mit vollen Hörsälen den leeren Kirchen ein Schnippchen: Für immer mehr Menschen ist der Tod nur noch das Verlöschen alles Seienden, das Vergehen ihres Universums, das

Dahinwelken aller Dinge. Aufgedämmert aus der schwarzen Nacht der Vorgeburt, steigen wir wieder hinab in das undurchdringliche, bedeutungslose Dunkel der ewigen Nichtexistenz. Dies absolute »Nichtverstehbare eines Zustandswechsels (...)« zwingt zum Missverstehen, »(...) zum Nichternstnehmen, zum Aufsichberuhenlassen« und führt so zum Ausblenden jener einzigen, glasklaren Gewissheit, die wir im Leben haben: unseren Tod. Das gleiche Ding spaltet sich in zwei unterschiedlich wahrgenommene Bereiche auf: Losgelöst vom Sterben ist der Tod keines Wortes wert. Er gehört nicht zu uns. Er *ist* nicht. Doch wer sagt uns, dass das Ende unserer Welt nicht der Anfang einer anderen ist – und der Tod nicht Spielraum des Lebens?

Wenn ich heute sterbe

Wer kennt es nicht, jenes Gefühl zutiefst empfundenen Glücks, diese Augenblicke im Leben, in denen man sich bereit fühlt zu gehen. Momente sind »zum Sterben schön«, es kann im Leben nicht mehr besser werden und ich möchte dieses Glück für die Ewigkeit bewahren. Mit welchem Gefühl gehe ich zu Bett, wenn ich mir sage, dass ich morgen vielleicht nicht mehr aufwachen werde? Was wäre, wenn ich stürbe? Mit welchem Gefühl steige ich in das Auto, wenn ich mir sage, dass ich das Ziel der Strecke vielleicht nicht mehr erreichen werde?

Ich plane eine Zugreise nach Berlin. Ich kaufe das Ticket, vielleicht reserviere ich einen Platz – sicher werde ich vorbereitet sein auf meinen Aufenthalt dort, drei Tage oder vier. Ich habe mich vielleicht über die dortigen Gegebenheiten erkundigt, meine Koffer entsprechend gepackt und dafür gesorgt, dass meine Blumen während meiner Abwesenheit gegossen werden, dass ich alle erforderlichen Papiere und Dokumente dabeihabe, dass ich die richtige Kleidung gepackt habe, nicht zu warm, nicht zu kalt. Ich bereite mich vor und werde so bereits die Fahrt genießen können, denn ich weiß, was mich erwartet. In dieser Sicherheit steige ich in den Zug – und in Berlin wieder aus. Mein Leben aber, diese größte aller Reisen, das lebe ich anders – obwohl ich genau weiß, wie meine »Endstation« heißen wird und wo ich eines Tages aussteigen werde. Mit viel größerer Sicherheit, als jemals in Berlin anzukommen, nur weil ich ein Ticket in der Tasche habe, mit viel größerer Sicherheit werde ich sterben – und danach tot sein. Ganz bestimmt. Aber aus Angst, mich mit meiner Vergänglichkeit zu beschäftigen, verdränge und verleugne ich diese Endstation, solange es eben geht.

Woher rührt diese lähmende Angst vor dem Tod, die uns ein Leben lang vor sich hertreibt? In Wahrheit ist der Sterbeprozess doch nichts Neues für uns, denn wir stecken von Geburt an mittendrin: Was uns als dauerhafter Körper erscheint, ist keineswegs von Dauer – stets werden die vorhandenen Zellen, Gewebe und Stoffe des Körpers abgebaut, ausgeschieden und neu aufgebaut. Auch wenn die Gestalt dieselbe zu bleiben scheint, Leben ist ein fortwährendes Sterben, ein unaufhörlicher Wandel, ein Wechselspiel von Geburt, Tod, Wiedergeburt. Das »Stirb und werde!« der alten Mystiker, Denker und Philosophen ist eher ein »Sei und werde!«. So sterben wir unendlich viele

Tode während des Lebens – nicht nur körperliche, sondern auch geistige und soziale. Wir wandeln uns in diesem Lichterspiel des Lebens vollständig, erneuern Gedanken, ändern Meinungen, wachsen moralisch, erhalten Anerkennung, finden Freunde, verlieren andere, lieben, lernen, lachen. Wir haben überhaupt keinen Grund, uns von unserer Angst vor dem Vergehen zeit unseres Lebens versklaven zu lassen – schlimmstenfalls ist der Tod nichts weiter als die Korrektur der Geburt, um den Gedanken des oben erwähnten Epikur weiterzudenken. Doch eben dieser Epikur hat auch gesagt: »Wer sterben gelernt hat, hört auf, ein Knecht zu sein.«

Das Leben wird mir entgleiten, so sicher, wie die Sonne jeden Tag dem Himmel entgleitet, um in die Unsichtbarkeit zu sinken. Bei diesem Gedanken liegt nichts näher, als damit zu beginnen, sich auf das eigene Sterben vorzubereiten. Damit anzufangen, dem Sein mehr zu vertrauen als dem Nichtsein. Den eigenen Untergang als Sonnenuntergang zu betrachten, aus dem ein neuer Tag entspringt. Die richtige Zeit ist jetzt. Der richtige Ort ist hier.

Zeit des Lebens

Begib dich in einen ruhigen Raum und stelle sicher, für einige Zeit ungestört und in aller Stille für dich sein zu können. Vielleicht möchtest du die kommenden Minuten aber auch im Freien erleben, bei einem Waldspaziergang. Die Natur ist der wunderbarste Raum der Stille. Sei nur sicher, dass du genügend Zeit für dich allein hast, und nimm Stift und Papier mit, damit du deine Gedanken und Eindrücke festhalten kannst.

Seit ich geboren bin …

Der Sinn des Lebens bleibt uns oft verborgen – vor allem der des eigenen. Was bestimmt schon die Bedeutung eines Lebens? Schließe die Augen, atme durch und besinne dich auf einen Moment in deinem Leben, der zu deinen schönsten Erlebnissen gehört.

War es die Geburt deines Kindes?

War es der erste Kuss? Die erste Liebe?

War es ein Musikkonzert?

War es ein Erfolgserlebnis?

….?

Denke intensiv an diese Erfahrung, was immer es auch war, und lass das Gefühl wieder zu, das du zu diesem Zeitpunkt empfunden hast. Nimm dir so viel Zeit, wie du möchtest, um in diese Erinnerung, in diesen wunderschönen und einmaligen Augenblick zu finden. Vielleicht rinnt ein Schauer über deinen Rücken, wenn dieser wunderbare Moment wieder vor dir auftaucht und einmal mehr in seiner ganzen Schönheit über dich kommt. Nun stelle dir die Frage, ob das Leben einen Sinn haben kann. Mitten im Bild dieses wunderschönen Augenblicks wird die Antwort vielleicht lauten, dass *allein dieser eine Moment* des höchsten Glücks es wert war, gelebt zu haben. Und an der Größe eines Augenblicks lässt sich die Größe eines Lebens bemessen. »Eine Bergkette trägt den Namen ihres höchsten Gipfels, nicht den der Niederungen der darunterliegenden Täler.« (Viktor Frankl) Genauso ist die Sinnhaftigkeit des Lebens in seinen Höhepunkten begründet, nicht in seinen Talsohlen. Und so kann ein einziger Augenblick dem ganzen Leben auch *rückwirkend* Sinn verleihen.

... bis ich sterbe

Unser Leben in dieser Welt ist ein Weg. Er beginnt mit der Geburt und führt über viele Tage bis zu diesem heutigen. Viele Dinge mussten geschehen, dass ich heute hier stehen kann. Male nun deinen Lebenslauf – aber den zukünftigen. Eine Reihe von Tagen liegt vor dir, welches sind die Dinge, die du noch erleben willst? Male es in Bildern, denn sie fließen besser aus dir als geschriebene Worte und wirken eher auf dich zurück. Wenn es dir besser liegt zu schreiben, so schreibe den zukünftigen Lebenslauf auf. *Denke daran, dass dabei ein einziger Augenblick deinem gesamten Leben auch rückwirkend einen Sinn verleihen kann!*

Möchtest du noch ...

... eine bestimmte Reise unternehmen, bestimmte Länder kennenlernen?

... besondere Probleme lösen?

... die Geburt eines Enkels, einer Nichte oder die des eigenen Kindes erleben?

... berufliche Ziele erreichen?

...?

Deine Antworten werden erheblich anders sein, wenn du eine ärztliche Diagnose hast, die deinem Leben nur noch eine bestimmte Zeitspanne gibt. Wenn du nur noch einen Sommer hast. *Denke daran, dass dabei ein einziger Augenblick deinem gesamten Leben auch rückwirkend einen Sinn verleihen kann!*

Möchtest du noch ...

...?

Vervollständige die Listen, wie du es möchtest und vermagst. Lege sie nebeneinander.

VORBEREITEN AUF DAS UNVERMEIDLICHE

Die Vorbereitung auf den Tod

Auf diesem Weg ist das Sterben ein ebenso überwältigendes Ereignis wie die Geburt. Dass man sich auf die Ankunft eines neuen Lebens mit liebevoller Hingabe vorbereitet, ist jedoch völlig normal und wird von den werdenden Eltern sogar erwartet. Der Vorgang der Geburt ist auf der ganzen Welt und zu allen Zeiten für jeden Menschen der gleiche – unabhängig von Herkunft, Glaube, Hautfarbe und Kultur: Wir erblicken alle das gleiche Licht der Welt. So ist auch der Sterbeprozess und alles, was mir währenddessen *physisch* widerfährt, weltweit der gleiche, ob Buddhist, Christ, Moslem oder Atheist, arm oder reich: Wir sterben alle den gleichen Tod – mag es noch so große Unterschiede geben im Umgang mit ihm. Ja, es ist wahr: Es gibt für uns alle nur einen Weg hinein in diese Welt und es gibt auch nur einen einzigen Weg hinaus.

Tatsächlich gehörte die Vorbereitung auf das eigene Sterben noch bis vor weniger als 200 Jahren zum ganz normalen Leben. So gibt das 1805 erschienene »Praktische Kranken- und Sterbebuch für Katholiken« von Nicolaus Doll auf fast 500 Seiten Hinweise, Vorgaben und Regelungen für ein gutes Sterben, für einen »heiligen Tod«. Bereits damals war dem Buch ein Formular für ein christliches Testament beigelegt. Die »Kunst des Sterbens« wollte erlernt sein und dem umfassenden Werk war sehr ausführlich zu entnehmen, wie dies aus der damaligen Sicht der Kirche zu erreichen war. Es waren diese »Leitplanken« für ein gottergebenes Verhalten und das rechte Vorbereiten auf den eigenen Abschied, die den Menschen einerseits Orientierung und festen Halt gaben. Andererseits jedoch wurden sie oft genug zu einer würgenden Klammer, die den Tod durch Androhung von Fegefeuer, Hölle und Satan schwer und dunkel werden ließ – hier hilft keine falsche Verklärung und Romantisierung einer düsteren Vergangenheit. An den Betten der Sterbenden wurden unentwegt Gebete gesprochen, die das Seelenheil des Todgeweihten sichern sollten, und unterhalb von Bett, Tischen und Stühlen wurde das Totenglöckchen (Benedictus- oder Zügenglöckchen) geläutet, in dessen Hörweite sich kein böser Dämon und kein Teufel aufhalten konnten. In für die Ärmsten bereitgehaltenen »Blaterhäusern«, die man vielleicht als die Vorläufer der heutigen Hospize bezeichnen kann, wurden bereits im 16. Jahrhundert und lange zuvor sterbenskranke Menschen bis zuletzt begleitet und gepflegt. In Abwesenheit der Geistlichen übernahmen sogenannte »Trostknechte« die spirituelle Begleitung und sprachen unablässig die Litaneien, Gebete und Fürbitten für die Sterbenden, denn die Sorge um das seelische Wohl war zu dieser Zeit viel größer als die Bemühungen, das körperliche Leid zu lindern. Die Totenversorgung dagegen fiel damals eher in den Aufgabenbereich von Hebammen, die sich nicht nur um das werdende Leben sorgten, sondern auch um einen guten Weg nach dem Tod. So wirkten sie an beiden Enden des Seins, freuten sich an den ersten und fürchteten die letzten Schreie der Menschen, badeten die Säuglinge und wuschen die Leichen. Es war vielleicht kein »besserer Tod«, den unsere Vorfahren starben, dennoch bewegten sie sich in einer ganz anderen Sicherheit, in einer festen Gewissheit über die letzten Dinge – etwas, das uns Heutigen fast abhandengekommen ist, was wir so schmerzlich vermissen. Ist es nicht möglich, etwas von diesem Gefühl der Sicherheit in unser heutiges Denken zu integrieren und die Furcht hinter uns zu lassen?

Warum vorbereiten?

»Der brennende Schmerz der Endlichkeit« (Karl Rahner), er verfolgt uns auf Schritt und Tritt, er gehört zu uns wie unser Schatten. Vom ersten Moment der Bewusstheit an wird uns die Furcht vor ihrem Vergehen gelehrt. Freilich äußert sich dies nicht bei jedem Menschen auf die gleiche Weise. Bei manchem steht die Angst verdrängt im Hintergrund und raubt dann doch den Schlaf in der Nacht, ohne dass wir wissen, warum. Andere erkennen die Angst, kämpfen sie jedoch ein Leben lang nieder – dem nächsten nimmt die Furcht jeden Lebensmut. Jeder, wir alle fürchten unser Ende – das ist der Preis für unsere Selbstbewusstheit. Der zuvor bereits zitierte griechische Philosoph Epikur führte es schon im 3. Jahrhundert v. Chr. aus: Diese nie endende, allgegenwärtige Furcht vor unserem unausweichlichen Tod tönt durch unser Leben wie eine ewig währende Disharmonie, sie erschwert ein gelingendes Leben und untermalt unsere helle Freude am Dasein mit einem dunklen Grundton der Vergänglichkeit. Ob uns dies nun bewusst ist oder nicht.

Nicht nur der US-amerikanische Psychoanalytiker Irvin D. Yalom erzählt überzeugend von vielen seiner Patienten, deren versteckte Angst vor dem Tod bizarre Formen annahm, die vordergründig nichts mit ihrer Sterblichkeit zu tun hatten – und doch tief in ihr wurzelten. Er führt Psychosen, Depressionen, generalisierte Angstsymptome und vieles mehr darauf zurück. Darüber hinaus wissen wir heute, dass psychische Schmerzen, die eigentlich auf einschneidende Verlusterfahrungen oder andere tiefgehende Traumata zurückzuführen sind, tatsächlich zu körperlichem Schmerz werden können – bis hin zum Phänomen des »Total Pain«, dem umfassenden, totalen Schmerz, von dem im palliativmedizinischen Zusammenhang gesprochen wird. Total Pain kann sich körperlichen, krankheitsbedingten Schmerzen anschließen und wirkt dann wie ein Brandbeschleuniger. Es ist die Angst vor dem Verlust der Selbstbestimmtheit, die Angst, einem System ausgeliefert zu sein, dem ich nicht traue, das ich nicht kenne. Letztlich ist es die tiefe Furcht davor, dem Vergessen anheimzufallen, alles zu verlieren, was mein Leben ausgemacht hat, das Verlöschen der Vergangenheit. Ähnlich ergeht es uns mit der neuen Zivilisationskrankheit Demenz – sie nimmt uns unseren Lebenslauf, löscht unsere Erinnerungen aus und lässt uns zurück, als wären wir nie gewesen. Und, viel mehr noch, sie nimmt uns jede Hoffnung auf Zukunft: Begraben in einem lebenden Körper, sterben wir unseren Tod vor der Zeit. Dieses »Aufschäumen an der Todeswand« lässt uns in unseren Grundfesten erzittern.

Dabei ist uns Heutigen unsere Selbstbestimmtheit ein so wertvolles Gut – nur wer immer kraftvoll nach oben strebt, gilt als erfolgreich und lebensfroh. In unserem Lebenskonzept kommt das Schwächerwerden, das Absinken nicht vor, es ist ein Zeichen des Verlierens und Versagens. Unsere Selbstbestimmtheit, die Gewissheit, nicht auf andere angewiesen zu sein, gibt uns das sichere Gefühl, immer alles unter Kontrolle zu haben. Niemals zuvor war der Tod so an den Rand des Lebens gedrängt wie heute. Niemals in der Geschichte der Menschheit waren wir in einer solchen Situation: erst unser Wohlstand, die heutige Naturferne und die vermeintliche Sicherheit, in der wir uns befinden, nährt diese Illusion der Unverletzlichkeit, die in unserem Leben zu leuchten scheint. Doch was wir als sichere Orientierung und verlässlichen Kompass auf unserer Lebensreise empfinden, sind Irrlichter. Sie erlöschen bald, wenn sich unsere Lebensumstände verändern, wenn wir in unbekannte Gewässer geraten und begreifen, dass wir nach den Sternen navigieren müssen, wie alle schon zuvor. *Doch wenn ich nichts vom Himmel weiß – wie soll ich mich nach den Sternen richten?*

Tod ist das sichere Ende jeder Selbstbestimmung, denn er lässt uns nicht den Hauch einer Chance. Aber Sterben ist nicht das Ende von Würde und Souveränität, als das es uns erscheint und weisgemacht wird. Sterben muss nicht jenes fremdgesteuerte, maschinengelenkte, nichtswürdige Aufbäumen sein vor dem auflösenden letzten Sprung in die Schwärze der Nacht. Sterben kann das Stückwerk meines Lebens erlösen, es kann die fehlenden Steine in das Mosaik meines Lebensbildes setzen. Sterben kann der Unterbau meines Lebensbogens werden und ihn zu einer Brücke vollenden, über die ich sicher zum anderen Ufer gelange. Doch dafür muss ich das Sterben in mein Leben holen. Wenn ich mich nicht darum kümmere und eines Tages unbeholfen in den Tod stolpere, wird es zu spät sein, eigene Antworten zu finden – und von einer Brücke keine Spur. Ob der Tod mich plötzlich aus dem Leben reißt oder mich als langsam voranschreitendes Sterben umschleicht, ich werde ihm kraftlos und angsterstarrt ausgeliefert sein, wenn ich ihn nicht zuvor kennengelernt habe.

Die heilende Kraft des Sterbens

»Selbstbestimmung bedeutet, dass ich das Recht habe, jede mir angebotene Hilfe (medizinisch, psychosozial, spirituell) *abzulehnen*. Souveränität bedeutet darüber hinaus, dass ich mir im Bewusstsein dieser Ablehnungsmöglichkeit und unter Überwindung der eigenen inneren Widerstände helfen lassen kann und mich dabei sogar wohl fühlen darf« (Gian Domenico Borasio).

Meine Selbstbestimmung wird mir in meinem Sterbeprozess Stück für Stück genommen, und es ist nur allzu natürlich, dass ich dagegen ankämpfe und alles in meiner Macht Stehende dafür tue, mir mein Leben nicht aus der Hand nehmen zu lassen. Es ist der Kampf, den alle Vorausgegangenen schon gekämpft haben. Niemand hat ihn je gewonnen. Doch die verloren gehende Selbstbestimmung muss nicht bedeuten, auch meine Souveränität einzubüßen. Wenn ich die Schätze meines Lebens zur rechten Zeit geborgen habe, werde ich in der Stunde meines Todes von dieser inneren Fülle leben können. In der liebevollen Annahme meiner eigenen Hilfsbedürftigkeit liegt jene alles verbindende Kraft, die die einzelnen Fragmente meines Lebens zusammenzufügen vermag – jene geheimnisvolle Macht, die die Menschen, die mich aufopferungsvoll pflegen, zusammenstehen lässt, die verloren geglaubte Liebe, Gefühle und Bande wiederauferstehen lässt. Wenn ich zulasse, dass mir Kraft, Zeit und Liebe geschenkt werden, ermögliche ich in meinem Sterben Wachstum und Werden. Nichts anderes lässt Menschen so über sich hinauswachsen, nichts lässt Menschen bedingungslose Liebe in sich so sehr entdecken wie die Begleitung in den Tod eines anderen: *Der Tod macht größer*.

Schon immer wussten die Menschen um die heilende Kraft des Sterbens, und in den jeweiligen Farben ihrer Zeit bereiteten sie sich auf diesen Moment vor. So war es in den Jahrhunderten des Mittelalters ein sehr tragisches Ereignis, plötzlich und unvermittelt zu sterben, ohne sich entsprechend vorbereitet zu haben – man bangte um die Seelen im Fegefeuer. Aus heutiger Sicht ist dies, wenn überhaupt, so nur als Metapher zu verstehen. Bei den Siegesprozessionen im alten Rom standen hinter den glorreichen Feldherren, die von einem siegreichen Feldzug heimkehrten, Priesterinnen und Priester, die ihnen fortwährend »Memento moriendum esse« zuraunten: Bedenke, dass du sterblich bist. Man darf annehmen, dass sie ihre Vorbereitungen zur rechten Zeit trafen.

Und natürlich gab es ihn schon immer, den tragischen Tod. Fassungslos stehen wir vor dem Verlust eines jungen Menschen, ein zerbrochenes, abgerissenes und unvollendetes Leben. Das Sterben bricht wütend über uns herein und verheert unser Leben, hinterlässt nur verbrannte Erde und heillose Hoffnungslosigkeit. Umso mehr, je weniger wir darauf vorbereitet waren. Manchmal kann das Leben dem Tod einen Sinn verleihen – manchmal der Tod dem Leben; und manches Mal bleibt der Sinn unseren Augen verborgen. Doch immer führt uns der Tod an die Schwelle eines verborgenen Mysteriums, eines weihevollen Geheimnisses, immer werden wir angeweht von einem warmen Hauch der Ahnung, vor dem wir ehrfürchtig verharren – denn das Fenster zu etwas anderem, Größerem, steht einen Spalt offen. Ja, dieser »(...) brennende Schmerz der Endlichkeit«, er verfolgt uns auf Schritt und Tritt, er gehört zu uns wie unser Schatten. Doch einen Schatten wirft nur, was in hellem Licht steht. Sehen wir zum Licht.

Das Zählbare regeln

Spricht man heute über die Vorbereitung auf das eigene Sterben, so denken die meisten Menschen hierzulande zuallererst an Patienten- und Betreuungsverfügungen, an Vorsorgevollmachten und Behandlungswünsche. An Testamente, die ihren letzten Willen klar regeln. Dies alles sind leidige Obliegenheiten, die zu erledigen mancher lange vor sich herschiebt, sich nicht dazu überwinden mag und immer wieder auf ein neues Morgen schiebt. Vielleicht ist der Grund hierfür ein unbewusster Nachklang des festen mittelalterlichen Aberglaubens, dass nach dem Verfassen eines Testaments der Tod nicht allzu lange auf sich warten ließe.

Es ist jedoch tatsächlich bereits sehr viel wert, wenn ich weiß, dass in meiner Patientenverfügung klar festgelegt ist, wie ich im Ernstfall versorgt und gepflegt werden will. Ob ich künstlich ernährt werden möchte oder nicht und ob ich mit den heutigen technischen Möglichkeiten der Apparatemedizin um jeden Preis am Leben erhalten werden will. Wenn ich sichergestellt habe, dass mein Nachlass gut verwaltet werden wird, dass für mein Hab und Gut in meinem Sinne gesorgt und meine Behandlungswünsche verlässlich hinterlegt sind. Die »Christliche Patientenvorsorge« der Deutschen Bischofskonferenz ist hier eine gute und rechtlich abgesicherte Quelle, die mit christlichen Wertevorstellungen verknüpft ist und überkonfessionell anerkannt wird.

Daneben gibt es sogar Apps für das Smartphone, in denen ich meinen letzten Willen und viele Einzelheiten im Fall eines schnell und überraschend eintretenden Todes, zum Beispiel durch einen Unfall oder einen Herzinfarkt, hinterlegen kann. Zugangsdaten für mein »digitales Erbe«, für in der Cloud gespeicherte Dateien, Lebensversicherungen, meinen Facebook-Account, Organspendeausweis, meine gewollte Bestattungsart, die gewünschte Musik auf meiner Beerdigung, Sterbegeldversicherungen – es gibt nichts, was hier nicht hinterlegt und gesichert werden kann. Sogar meinen allerletzten Post in meinem Facebook-Konto kann ich organisieren, eine Abschiedserklärung an alle Freunde und Bekannte, die nach meinem Ableben automatisch versendet wird – ein »Post« mortem im wahrsten Sinn des Wortes.

Loslassen kann man lernen

Die Vorbereitung auf das eigene Sterben nimmt mitunter skurrile Formen an, wie zum Beispiel im sogenannten »Death Cleaning«, einer aus Schweden stammenden Idee, für die es noch keinen adäquaten deutschen Begriff zu geben scheint. Um es den Zurückbleibenden einfacher zu machen, trennt man sich bereits zu Zeiten bester Gesundheit regelmäßig von denjenigen Dingen, von denen man annimmt, dass sie ihnen nicht von Interesse, sondern wertlos und unbrauchbar sein werden – eine Belastung, nichts weiter. Man möchte es den Geliebten ersparen, nach dem Abschied durch die verlassenen Zimmer zu gehen, Schränke zu durchstöbern, Schubladen zu öffnen, Bilder zu sortieren und zu entscheiden, was behalten werden soll und was nicht. Das alte Porzellanservice, die schweren Kristallgläser, das angelaufene Silberbesteck und viel mehr noch: die damit verbundenen, verstaubten Geschichten, die sie erzählen. Dahinter steht nicht nur der Wunsch, eine möglichst perfekte Ordnung zu hinterlassen, sondern auch ein möglichst perfektes Bild in der Erinnerung der Angehörigen abzugeben. Dahinter steckt aber auch die Angst vor dem Kontrollverlust, die Furcht, kein selbstbestimmtes Leben mehr führen zu können, irgendwann alle Entscheidungen abgeben zu müssen – angewiesen zu sein auf andere.

Freilich verkennt man hierbei auch, wie sehr dieser Gang durch die Hinterlassenschaft für die Hinterbliebenen eine wichtige Art der Trauerbewältigung sein kann. Das Streifen durch altbekannte Zimmer, das Stöbern durch die alten Schränke mit dem so vertrauten Geruch nach altem Papier und warmer Schokolade, das alles erzählen diese verstaubten Geschichten, durch die unsere Erinnerungen wandern wie auf altvertrauten Wegen. Von niemand Geringerem als Martin Luther stammt allerdings der Hinweis:

»Dieweil der Tod ein Abschied ist von dieser Welt und allen ihren Händeln, ist not, daß der Mensch sein zeitlich Gut ordentlich verschaffe, wie es damit werden soll oder er es gedenkt zu ordnen, daß nicht bleibe nach seinem Tod Ursach zu Zank.«

MARTIN LUTHER (1483–1546)

Natürlich hat der große Reformator recht, wenn es darum geht, die wirtschaftlichen Angelegenheiten geregelt zu hinterlassen, um Streit bei den Hinterbliebenen zu vermeiden – er bricht allzu oft dennoch aus. Jedoch trifft dies nicht auf die Erinnerungsstücke zu, die für manchen von hohem Wert sind. Zudem gilt es zu bedenken, dass in den Dingen, die ich hinterlasse, ein Stück von mir den Tod überdauert, gleichsam ein Lebenszeichen von mir in einer Welt, die ohne mich sein wird.

Unterwegs zu mir

In den letzten Tagen meines Lebens aber werden diese Angelegenheiten für mich mit jedem Atemzug immer unwichtiger. Im Geist trenne ich mich von den Dingen dieser Welt, lange bevor ich von ihr scheide. Die seelische Dimension des Geschehens tritt dann mit Macht hervor, alle wirtschaftlichen Belange werden trivial und bald völlig bedeutungslos. Je weiter ich mich von den festen Ufern und den ausgetretenen Pfaden des mir bislang bekannten Lebens abstoße, desto mehr rücken andere, viel grundlegendere Dinge in den Blick. Diese seelische Dimension des Herzens gewinnt schnell an Gewicht und alles *Wissen* hilft nicht mehr – ich gelange nun in das Gebiet meines Innenlebens, meines ureigenen Wesens, das ich eigentlich bin und das aus naturwissenschaftlicher Sicht von dieser Welt aus bisher nur durch die bekannten Tore meiner körperlichen Sinne zu betreten ist: über Ohren, Nase, Augen, Haut und Zunge. Vereinfacht ausgedrückt stehen mir diese Pfade für die Verbindung der Außenwelt mit meiner Innenwelt nicht mehr oder immer weniger zur Verfügung.

Die wichtigste, die einzige Quelle meiner Informationen versiegt plötzlich oder allmählich; als spräche die Welt zu mir, doch ich bin nicht mehr an dem Ort, an dem sie mich vermutet, an dem ich sie vernehmen könnte – längst bin ich weitergezogen. Die Pfade führen ins Leere – und nur langsam reifen neue, seelische Wahrnehmungsknospen, zart und kaum zu spüren. In dem Maß, in dem die Wahrnehmung der Außenwelt eintrübt, scheint die Innenwahrnehmung auf, die Nahsinne wie Körpergefühl, Geruchs- und Tastsinn erstarken und eine Innenschau kann sich vorübergehend ausbilden, die klarer und schärfer ist als zuvor.

Und ich sehe: Alles, was ich in diesem Leben gelernt habe, alles, was ich weiß, *jedes Detail*, habe ich von der Außenwelt erfahren, haben mir andere Menschen über diese Wege bei-gebracht. Alles wurde mir gesagt, wurde hier erdacht, unendliche Male vorgedacht. Nicht einmal meinen Namen wüsste ich, wenn ihn mir nicht andere Menschen gegeben hätten. Mehr noch: *Jede* körperliche Wahrnehmung, jeder Händedruck, jeder Schmerz und jede Zärtlichkeit gehen auf Sinneseindrücke zurück, Sinne, die ich nur hier in diesem Leben zur Verfügung habe, Pfade, die nun langsam verwildern, überwuchern und undurchdringlich werden wie verwaiste Waldwege, die niemand mehr geht. Genauso versagen aber auch meine Fähigkeiten, in die Außenwelt zu gelangen, mich ihr mitzuteilen, mehr und mehr. Langsam verliere ich die Sprache, finde keine Worte mehr oder kann sie nicht mehr formen – bald schon kann ich meine Blicke nicht mehr steuern und die Lider werden mir schwer. Eines Tages werde ich keinen Finger mehr rühren können, um Zeichen zu geben, und auch ein müdes Kopfschütteln wird zu viel. Und zuallerletzt vergeht das Gehör, jene so wundervolle Fähigkeit, die sich im Mutterleib zuerst entwickelt, sie versagt zuletzt. Reduziert auf meinen flüchtigen Atem ist sein Kommen und Gehen nun das Letzte, was mir bleibt, der letzte Kontakt zur Außenwelt. Wie ich mit dem ersten Atemzug in diese Welt gezogen wurde, so stoße ich mich mit meinem letzten nun bald von ihr ab. Der Weg in die Innenwelt wird unumkehrbar, und aus dem Gedanken: »Ich werde sterben!« wird feste Gewissheit: »Ich sterbe.« Der Verlust ist total. Es ist die Zeit, in der ich nichts mehr können, nichts mehr leisten, nichts mehr erreichen, nichts mehr erfüllen muss. Ich gehe nun vom Tun ins Sein: Zwischen »nicht mehr« und »noch nicht« gefangen, zwischen hier und dort ist dies die Zeit, in der ich nur noch bin, um zu sein.

Nun wird ersichtlich, weswegen sich die Vorbereitung hierauf nicht mit einer Checkliste abarbeiten lässt. Was mir in dieser Zeit wichtig sein wird, hat sicher nichts mehr mit dem alten Porzellanservice und meinem Konto zu tun, vermutlich denke ich nicht einmal mehr an meinen letzten Facebook-Post. Ich werde in dieser Zeit von dem zehren müssen, was ich mir zuvor bereitet habe. Ich muss die Schätze meines Lebens geborgen haben und in ihnen geborgen sein, um nun aus dieser inneren Quelle zu schöpfen. Nichts kann mehr zu mir gelangen, nichts kann mich mehr wirklich erreichen – alles, was ich dann bei mir wissen möchte, muss also schon zuvor in mir *sein*. Es geht um Sein – nicht um Haben.

Um vorbereitet zu sein, muss ich *werden*, was ich *sein* will – und *wollen*, was ich *bin*.

»Wenn ich mein Leben noch einmal leben könnte …

Wenn ich mein Leben noch einmal leben könnte,
im nächsten Leben würde ich versuchen,
mehr Fehler zu machen.

Ich würde nicht so perfekt sein wollen,
ich würde mich mehr entspannen.
Ich wäre ein bisschen verrückter als ich gewesen bin,
ich würde viel weniger Dinge so ernst nehmen.
Ich würde nicht so gesund leben.
Ich würde mehr riskieren, würde mehr reisen,
Sonnenuntergänge betrachten, mehr Bergsteigen,
mehr in Flüssen schwimmen.

Ich war einer dieser klugen Menschen,
die jede Minute ihres Lebens fruchtbar verbrachten.
Freilich hatte ich auch Momente der Freude.

Aber wenn ich noch einmal anfangen könnte,
würde ich versuchen, nur mehr gute Augenblicke zu haben.

Falls Du es noch nicht weißt,
aus diesen besteht nämlich das Leben.
Nur aus Augenblicken.
Vergiss nicht den jetzigen.

Wenn ich noch einmal leben könnte,
würde ich von Frühlingsbeginn an
bis in den Spätsommer barfuß gehen.
Und ich würde mehr mit Kindern spielen,
wenn ich das Leben noch vor mir hätte.

Aber sehen Sie …
ich bin 85 Jahre alt und weiß,
dass ich bald sterben werde …«
JORGE LUIS BORGES (1899–1987)

Werden, was ich will

Bronnie Ware, eine australische, sehr lebenserfahrene Sterbebegleiterin und Krankenschwester, hat festgehalten, was ihr viele Sterbende kurz vor ihrem Tod anvertraut haben – Dinge, die Todgeweihte in ihrem Leben am meisten bedauern, was sie am liebsten anders gemacht hätten. So haben sie gesagt: Ich wünschte, …

… ich hätte den Mut gehabt, mein eigenes Leben zu leben und nicht das Leben, das andere von mir erwarteten.
… ich hätte nicht so viel gearbeitet.
… ich hätte den Mut besessen, zu meinen Gefühlen zu stehen,

… ich hätte die Beziehungen zu meiner Familie und zu Freunden gepflegt.
… ich hätte mir mehr Freude gegönnt und mir erlaubt, glücklicher zu sein.

Nichts ist zu lesen von Geld, Macht und Ruhm. Nur davon, möglichst authentisch zu sein – und liebevoll, voller Liebe. Einmal mehr wird deutlich, dass diese Ziele nicht in einer Liste kurz vor dem Tod erarbeitet werden können, um möglichst gut auf den Abschied vorbereitet zu sein. Einer der bekanntesten Jenseitsforscher unserer Zeit, Bernard Jacoby, sagt nichts anderes als Bronnie Ware, wenn er davon spricht, möglichst jeden Tag zu reflektieren und sich die Frage zu stellen: »Wo war ich heute ungerecht?« Denn wenn wir zu lange warten und Ungerechtigkeiten, Lieblosigkeiten und Rücksichtslosigkeiten, die wir jeden Tag zufügen und die uns widerfahren, immer nur in die unterste Schublade stopfen, wird es uns unmöglich sein, diese zur rechten Zeit geleert, sortiert und aufgeräumt zu haben. Nur zu hoffen, dass sie nicht zu Unzeiten überquellen möge, wird nicht reichen. Der vielleicht wichtigste christliche Mystiker, Meister Eckhart, gab uns bereits im 13. Jahrhundert eine Anleitung für dieses umsichtige, liebevolle Verhalten mit auf den Weg:

»Immer ist die wichtigste Stunde die gegenwärtige;
immer ist der wichtigste Mensch der,
der dir gerade gegenübersteht;
immer ist die wichtigste Tat die Liebe.«
Meister Eckhart (1260–1327)

Vielleicht klingt dies unerreichbar – und vielleicht ist es das auch. Doch vielleicht kommt es gar nicht darauf an, perfekt und ein Heiliger werden zu wollen – es mag gar nicht erstrebenswert sein. Folgt man Bernard Jacobys Ratschlag bewusst nur einige Minuten täglich, so wird sich dieses Empfinden verselbstständigen, automatisch in Fleisch und Blut übergehen und in das eigene Verhalten einfließen. Meister Eckharts Lebensweisheit ist dann nicht so weit entfernt, wie sie klingt. Möchte ich als liebender, als verzeihender Mensch von dieser Welt gehen, so muss ich dies am Ende meines Lebens *sein* – denn ich werde es dann nicht mehr werden können, nicht in dieser Welt. Vielleicht erscheint mir dies alles heute, bei bester Gesundheit und weit weg von allen trüben Gedanken an Tod und Vergehen, nicht allzu wichtig. Doch darum geht es nicht: Es geht einzig und allein um das, was mir in meinen letzten Tagen und Stunden und darüber hinaus wichtig sein wird – dies wird den letzten Ton meines Lebenskonzerts bestimmen, wie der letzte Ton eines Klavierstücks, der zart im Raum verklingt und dann in den Fluren dieser Welt für immer verebbt. Denn: »Wie wir auftreten, können wir nicht bestimmen. So muß denn unsere ganze Kunst dem Abgang gelten, damit die Ewigkeit uns sicher ist« (Peter Noll).

Authentisch leben

Auch die Frage nach dem authentischen Leben stellte sich unseren Vorfahren noch vor wenigen Jahrzehnten kaum. Noch lange nachdem das oben erwähnte »Praktische

Kranken- und Sterbebuch für Katholiken« im Jahr 1805 erschien, waren die Antworten auf alle großen Fragen des Lebens vorgegeben – denn für Individualismus war kein Platz, für letzte Erklärungen nach einem sinnerfüllten Leben waren vermeintlich höhere Stellen zuständig, die sie vordachten und allgemeingültige Antworten formulierten. Nur wenige Menschen wagten das zu kritisieren.

Doch schon lange geben die über Jahrhunderte gewachsenen, etablierten und fest verwurzelten Instanzen wie Kirche, Obrigkeit und Staat keine zuverlässigen Antworten mehr. Heute sehen wir uns in unserem Kulturkreis einer unüberschaubaren Flut von verwirrenden Informationen, Bildern und abstrusen Thesen gegenüber, in denen wir uns bewegen, an denen wir Orientierung und Halt finden müssen. Die atemberaubende gesellschaftliche Veränderung bewirkt aber nicht nur trennende Vereinzelung, sondern ermöglicht auch nie dagewesene Individualisierung. Und doch bleibt sie zumeist nur eine Möglichkeit, zu oft nur eine Illusion – von Kindesbeinen an lernen wir, das Gegebene zu akzeptieren, in Kindergarten, Familie und Schule lernen wir uns anzupassen, einen Beruf zu erlernen, und was man früher ein »gottesfürchtiges Leben« nannte, wurde ersetzt durch ein Leistungsprinzip, in dem wir uns beweisen müssen, dem wir uns verpflichten, über das wir uns definieren – und in dem wir uns verlieren. Denn mit diesem neuen Glaubenssatz ist es ungleich schwerer geworden, den eigenen Standpunkt festzumachen – gezwungen, die Antworten selbst zu finden, die durch die Instanzen nicht mehr gegeben werden, scheitern wir allzu oft schon an der richtigen Fragestellung.

»Wenn die Menschen realisieren, dass ihr Leben zu Ende geht, nehmen sie auch bewusst wahr, wie viele Träume unerfüllt blieben (...) Von dem Moment an, an dem du deine Gesundheit verlierst, ist es dafür zu spät.«, schreibt Bronnie Ware. Man müsse sich seine Träume erfüllen – und meint damit nicht, sich kostspielige Wünsche zu erfüllen, die oftmals unerschwinglich sind. Es geht um mehr: Es geht darum, den Mut zu haben, authentisch zu leben. Nicht das Leben, das Familie, Freunde und Gesellschaft von mir erwarten, denn dies ist spätestens in der Rückschau eine leere Hülle. »Der Tod«, so sagte der Apple-Begründer Steve Jobs 2005 in einer seiner legendären Reden einmal, »ist möglicherweise die beste Erfindung des Lebens. (...) Deine Zeit ist begrenzt, also verbrauche sie nicht, um das Leben anderer zu leben. Sei nicht gefangen von Dogma, das nur Leben nach den Überlegungen anderer Leute bedeutet. Lass nicht den Krach anderer Meinungen die eigene innere Stimme zum Verstummen bringen. Und das Allerwichtigste: habe den Mut, dem eigenen Herzen und der Intuition zu folgen. Diese wissen irgendwie schon genau, was du wirklich sein willst. Alles andere ist zweitrangig.« Er fährt provokant fort: »Wenn heute der letzte Tag in meinem Leben wäre – würde ich dann das tun, was ich mir vorgenommen habe zu tun?« Jedes Mal, wenn die Antwort mehrere Tage hintereinander »Nein« laute, sei es Zeit, etwas zu ändern. Für Steve Jobs war die Erinnerung an den Tod ein wichtiges Werkzeug, das ihm geholfen hat, die großen Entscheidungen seines Lebens zu treffen. Denn fast alles, alle von außen herangetragenen Erwartungen, der ganze Stolz, die ganze Angst vor dem Versagen und die Scham – all diese Dinge fallen angesichts des Todes in sich zusammen. Übrig bleibt, was wirklich wichtig ist. Sich bewusst zu machen, dass man sterben wird, »(...) ist der beste Weg, den ich kenne, um der Falle zu entgehen, zu glauben, man hätte etwas zu verlieren. Du bist vollkommen nackt. Es gibt keinen Grund, nicht seinem Herzen zu folgen!«

Das alles mag mich ratlos zurücklassen – denn was ist es eigentlich, was ich wirklich will? Wohin möchte mein Herz mich führen? Wer bin ich wirklich? Inmitten des Lebenstrubels tauchen diese Fragen selten auf, denn ich lasse sie nicht zu. Nur manchmal, in seltenen, stillen Momenten entdecke ich einen Riss in meinen Mauern, durch den diese Fragen strahlen wie Lichtfinger und mich zwingen, hinzublicken. Dann haben sie die Kraft, mich niederzudrücken, sich auf meine Brust zu legen und mir den Atem abzuschnüren. Mit etwas Mut und Zuversicht gelingt es aber, die Strömung dieser Fragen zu nutzen, in sie hineinzuspringen und sich von ihr tragen zu lassen, statt in Angststarre zu verfallen. Dann sollten wir diesen Moment leise feiern – denn er ist der Beginn einer Reise. Der Reise zu mir selbst.

Die einigende Kraft der Vergebung

Das Leben richtet in jedem Menschen seine Verwüstungen an, und niemand kann sich davon freisprechen, andere einmal gekränkt oder ungerecht behandelt zu haben. Ein böses Wort kann tiefe Wunden schlagen, die lange nicht heilen, manches Mal ein Leben lang. Auch wenn sich die

Familienformen in den letzten Jahren drastisch geändert haben, die feste Bande, in die wir durch sie eingebettet sind, bleibt bestehen, manchmal unsichtbar und über Generationen hinweg. Jeder wird in eine Familie hineingeboren, wie auch immer diese aussehen mag. Oftmals ist die Familie der Ort, an den ich mich ungeschützt zurückziehen kann, an dem ich behütet und geborgen bin, aufwachse, lebe, liebe und vielleicht auch alt werde. Doch oft trifft dies nicht zu. In jedem Familiensystem gibt es Spannungen, gewollte oder ungewollte Verletzungen, manchmal bis hin zu seelischer Grausamkeit oder körperlicher Gewalt – Familie kann zum Gefängnis werden, Brandschneisen durch unsere Sehnsüchte schlagen und uns fürs Leben zeichnen. Ausnahmslos jede Familie hat ihre eigene Geschichte und ihre Verstrickungen, und meistens wird darüber nicht offen gesprochen, selbst wenn – oder gerade wenn – es um die großen Themen des Lebens geht.

Habe ich auf meinem Lebensweg Menschen verletzt, gab es heftigen Streit, vielleicht sogar lange Zeit keinen Kontakt mehr zueinander, so wird mein größter Wunsch der nach Vergebung und Aussöhnung sein. Versöhnung mit den Menschen, die ich liebe. Dieser Wunsch kann so groß und wichtig werden, dass der Sterbeprozess für einige Zeit, sogar für einige Tage unterbrochen werden kann, solange, bis der ersehnte Besuch, die erhoffte Aussprache am Sterbebett stattgefunden hat. So wichtig es im Leben ist, geliebt zu werden, so wichtig ist es auch: zu lieben! Und so ist die Vergebung, die ich ersehne, so wichtig wie die, die ich verschenke. Erlittene Verletzungen können erst dann in die Heilung gehen, wenn ich sie vergebe, ehrlich und aus ganzem Herzen. Erst dann werde ich sie los-lassen können.

Bereits im Vaterunser, dem Gebet, das Jesus vor zwei Jahrtausenden lehrte und das uns seitdem begleitet, ist die Vergebung tief verwurzelt. Wie oft mag es an Sterbebetten gebetet worden sein, und die heilsame Kraft, die es hier entfalten kann, ist auch in der fünften Bitte des Gebets ohnegleichen:

»Und vergib uns unsere Schuld,
wie auch wir vergeben unsern
Schuldigern.«

Doch was ist Schuld anderes als die Verstrickung unserer Handlungen infolge einst begangener Irrtümer? Mit einem unsichtbaren Seil, das ich selbst jeden Tag aus den vielen Fäden meiner Taten flechte, fesseln mich diese Verstrickungen an längst vergangene Zeiten. Eine Last, die mir auf den Rücken gebunden ist, mich niederdrückt, mir alle Kraft raubt und verhindert, dass ich frei und ungebunden (weiter-)gehen kann.

Wird mir vergeben, so bedeutet das nicht, dass etwa gutgeheißen würde, was ich mir vielleicht zuschulden kommen ließ. Genauso wenig bedeutet es, dass es heute vielleicht nicht mehr wichtig wäre. Es bedeutet ungleich mehr, nämlich dass mir Verletzungen, die ich zugefügt habe, verziehen werden – ich werde *trotzdem* angenommen und geliebt, in der ganzen Breite meines Daseins. Vergebe ich, so bedeutet das, dass ich annehme und liebe, gleichviel, was zuvor passierte. Wahre Vergebung ist nichts anderes als bedingungslose Liebe: die wichtigste Gabe, die ich als Mensch erhalten oder geben kann. Ob im Sterbezimmer oder im Wochenbett.

Die Bitte um Vergebung ist unlöslich mit dem festen Versprechen verknüpft, auch meinerseits zu vergeben. Vergeben ist das Entflechten des Seils, das Auftrennen und Lösen der Handlungsfäden meines Lebens, die mich zurückhalten wollen. Vergebung, auch und gerade die Selbstvergebung, löst seelische Verhärtungen, die wie Steine beschweren, sie lockert Blockaden und erleichtert gleichermaßen den Fluss des Lebens – wie den des Sterbens.

Doch trotz alledem ist uns Vergebung manchmal zu Lebzeiten nicht möglich. In verstrickten Familiengeschichten kann es vorkommen, dass sich die Menschen selbst im Weg stehen und erst der Tod die Vergebung möglich macht. Erst wenn ich gegangen bin, kann im anderen die Blockade gelöst werden, die es ihm zuvor unmöglich gemacht hat, Frieden zu schließen. Erst wenn ich den Weg endgültig freigemacht habe, kann ihn der andere gehen. Das kann für Sterbende und Hinterbliebene gleichermaßen ein großer Trost sein, denn es sind die Menschen, die sterben, du und ich, nicht die Beziehungen. Beziehungen sterben nicht. Aus dieser Beziehungskraft heraus kann der Abgrund des Todes überbrückt werden.

Versöhnung und liebevolle Selbstvergebung

Vergebung ist nicht gleichzusetzen mit »Versöhnung«, die noch einen großen Schritt weitergeht. Vergeben ist ein einseitiger Akt, ich brauche den anderen nicht dazu, es geschieht in mir. Ich kann einem Menschen vergeben, den ich nie wieder sehen werde, ja, ich kann einem Menschen vergeben, der längst verstorben ist. Zur Versöhnung jedoch braucht es den anderen, das beidseitige Einverständnis – die gegenseitige Vergebung ist Voraussetzung dafür. Vielleicht ist die Versöhnung die Vollendung der Vergebung. Und sie ist möglich bis zuletzt: Der Hörsinn erlischt zuallerletzt, an einem Sterbebett ist immer davon auszugehen, dass der Sterbende noch alles vernimmt. Das Empfinden, jemand sei »nicht mehr ansprechbar«, ist immer falsch: Jeder Mensch ist immer, überall und in jeder Lebenssituation für uns ansprechbar. Gespräche am Bett eines Sterbenden sind immer aufwühlend und kosten mitunter viel Kraft und Mut; doch auch eine tränenerstickte Stimme, ein geflüstertes Gebet, ein leises Summen können zwei Menschen zur Versöhnung tragen. Auch im Koma liegende Schwerkranke, die zu keiner sichtbaren Reaktion mehr fähig sind, können dankbar sein für jedes an sie gerichtete Wort. Und wenn der Sinn des Gehörten nicht mehr mit dem Verstand erfasst werden kann, so sind Stimme, Tonfall, die gehaltene Hand eine gleichwertige, ja manchmal die wichtigere Botschaft. Es kommt nicht mehr so sehr auf den Sinngehalt der Worte an, sondern vielmehr auf die Symbolkraft des Gesagten: Symbole und Sinnbilder erreichen uns auf einer anderen, einer tiefer liegenden Ebene als das an die Vernunft gerichtete Wort, dem nur der Intellekt zugänglich ist.

Der Sterbeweg ist ein Weg des Loslassens, des *Sich-Lösens*: nicht nur von den Dingen und Besitztümern, sondern noch viel mehr auch von den Umständen meines Lebens, die mir anhaften und mich einweben in diese Welt. Auf dem Weg, den inneren Frieden zu finden, ist anderen Menschen zu verzeihen nicht weniger wichtig, als mir selbst zu vergeben – aber für manchen ist gerade diese Selbstvergebung oft sogar das Allerschwerste. Habe ich Schuld auf mich genommen, tatsächlich oder vermeintlich, so trage ich ein Leben lang daran – Leid, das ich über andere Menschen gebracht habe, wird auf mich zurückgeworfen, haftet an mir und hält mich zurück; und so wird mir auch der Sterbensweg mühselig und angsterfüllt. Doch wir sind frei in unserem Leben und haben die Freiheit, Fehler zu machen: Dies kann auch schmerzliche Folgen haben. Das ist der Preis unserer Freiheit, der Preis des freien Willens und der Preis dafür, sich immer wieder neu zu entscheiden, Tag für Tag, Stunde für Stunde. Und es kann im Leben nicht darum gehen, perfekt zu sein, frei von Fehlern und frei von Schuld. Das wäre nur dann zu erreichen, wenn ich entweder diese Freiheit nicht hätte – oder aber dumpf genug wäre, die schmerzenden Konsequenzen meiner Fehler nicht zu spüren. Der Bitte um Vergebung geht ein Erkennen voraus, das manchmal schwerfällt. Die tägliche kleine Frage: »Wo war ich heute ungerecht?«, wird mich hierbei unterstützen und mich zur Vergebung geleiten, Vergebung als tägliche Gabe.

Wenn ich immer wieder die Kraft der Vergebung erlebe, werde ich bald ein neues Verhältnis zu meiner Schuld – zu meinen Fehlern – entwickeln, eine neue, andere Haltung entsteht. Wenn ich immer wieder bewusst erlebe, dass andere Menschen mich mit meinen Fehlern ertragen, mich deswegen nicht verstoßen und mich trotzdem annehmen und lieben, werde ich selbst bald gnädiger mit mir umgehen können und es wird leichter, mir selbst zu vergeben. Letztlich hilft das Wissen um die eigenen Unzulänglichkeiten, nachsichtiger und verständnisvoller mit den Fehlern und der Schuld der anderen umzugehen: um zu verzeihen, anzunehmen und zu lieben.

Nach Prof. Dr. Luise Reddemann, der bekannten Traumaforscherin, verselbständigt sich andauernde Gnadenlosigkeit gegen sich selbst irgendwann und gräbt sich ins Gehirn wie ein Phantomschmerz. Dabei wird leicht übersehen, dass auch Strafe eine Schuld nicht tilgen kann und die große Gefahr besteht, sich selbst nicht mehr als liebenswert und wertvoll zu empfinden.

Die ehemalige Chefärztin der Klinik für psychotherapeutische und psychosomatische Medizin in Bielefeld hat hierbei in ihrer Arbeit mit traumatisierten Menschen immer wieder die wirksame Kraft von Bildern und Symbolen jenseits bloßer Worte festgestellt. Sie schreibt: »Wir haben alle jederzeit und überall ein Zaubermittel zur Verfügung: unsere Vorstellungskraft. Mithilfe dieser Vorstellungskraft ist es möglich, uns innere Welten des Trostes, der Hilfe und der Stärke zu erschaffen, unabhängig von der Freundlichkeit und Gewogenheit unserer Umgebung.« Es seien gerade zutiefst verletzte und verstörte Menschen, die über ein inneres Wissen verfügen, das weit über das Bewusstsein hinausreicht. Bilder und Symbole fachen heilsame Kräfte in uns an und lassen Orte der Geborgenheit und Hoffnung in uns entstehen, in die wir uns im Sturm des Lebens jederzeit zurückziehen können. Hier, in uns und unserer Vorstellungskraft ist der Ort, wo Selbstvergebung geschehen kann und wo der Mensch, der ich war, von dem Menschen, der ich bin, verzeihend in den Arm genommen, getröstet und gehalten werden kann. Dieser Ort ist in mir. Er ist konkret.

In den alten Texten der Bibel wird der Tempel in Jerusalem als Ort der Versöhnung vorgestellt. Nicht nur eine rein geistliche Wirklichkeit, war der Tempel ein sakrales Bauwerk seiner Zeit. Und seine Mitte, sein Zentrum war leer. Paulus fragt jedoch an anderer Stelle: »Wisst Ihr nicht, dass Euer Leib der Tempel des Heiligen Geistes ist (...)?« (1. Kor 6.19) Wenn aber mein Leib der Tempel des Heiligen Geistes ist, ist dann nicht sein leeres Zentrum der Ort, wo Begegnung und Vergebung in Liebe geschehen kann?

Die in uns verborgene Energie der Bilder- und Symbolsprache ist eine tiefgreifende Art, den großen Krisen des Lebens zu begegnen. Wo Worte nur die Oberfläche des Verstandes umwehen wie ein leiser Windhauch, wurzelt das Symbol in den unbekannten Tiefen der Seele, wo Ahnung zu gesichertem Wissen wird. Die Vorbereitung auf den eigenen Tod beginnt mitten im Leben, im Hier und Heute – denn sie ist nichts anderes als das Leben selbst. Die Kunst des guten Sterbens setzt die Kunst des guten Lebens voraus – und das ewige Leben beginnt nicht erst nach dem Tod: Wir stecken bereits mittendrin. Sonst wäre es nicht ewig. Also worauf warten?

Liebevoller Rückblick auf den Tag

Diesem Rückblick auf den Tag liegt das »Gebet der liebenden Aufmerksamkeit« zugrunde, das auf Ignatius von Loyola zurückgeht. Das abendliche Gebet geht in fünf Schritten vor – es blickt in Dankbarkeit auf den zurückliegenden Tag und versucht dann aus der göttlichen Perspektive auf die Geschehnisse und das eigene Leben zu blicken. Indem jede einzelne Stunde des Tages auf diese Weise vor Gott gebracht wird, erscheinen die Vorkommnisse und Erlebnisse in neuem Licht und dringen aus dem Unbewussten in die Gedankenwelt des Bewusstseins, zunächst jedoch ohne Bewertung und Urteil. Erst dieses Rekapitulieren der Tagesereignisse führt zu einer Wertschätzung voller Dankbarkeit und Achtung und letztlich auch zu der Erkenntnis, was ich anders hätte tun können, wo ich anders hätte handeln können. Mit einem Blick auf den nächsten Tag, was mich erwartet und welche neuen Wege und Möglichkeiten er mir bieten wird, endet das Gebet der liebenden Aufmerksamkeit.

In der hier dargestellten Form geht es jedoch um eine Meditation, die von jedem Menschen, gleich welcher Religionszugehörigkeit, ausgeführt werden kann – es ist zur täglichen Übung gedacht. Am besten ist es, wenn du dir eine Zeit in deinem Tagesrhythmus suchst, in der du dich dafür zurückziehen kannst. Das sollten eine Zeit und ein Ort sein, an denen es die Umstände und vielleicht auch die anderen Familienmitglieder am besten zulassen. Vielleicht kannst du dir einen Ort der Stille einrichten, an dem das möglich ist. du kannst dich auch einfach jeden Abend mit diesen Gedanken zu Bett begeben. Versuche zunächst, einfach da zu sein – so wie du jetzt da sein kannst. Finde eine bequeme Position. Spüre deinen Leib. Nimm wahr, was dich innerlich bewegt und lege diese Gedanken nun auf die Seite. Lass den Atem frei fließen, er durchspült sanft deinen ganzen Körper. Ruhig kommt er, ruhig geht er. Gehe nun ins Bild:

Den Tag anschauen: Ohne zu werten oder zu urteilen, lasse die Ereignisse des vergangenen Tages vor deinem inneren Auge vorbeiziehen. Stunde für Stunde und Ort für Ort, an dem du dich aufgehalten hast. Oder du lässt die Ereignisse in deinem inneren Erleben nochmals so zu, wie sie dir ungefiltert und unsortiert in den Sinn kommen mögen. Schaue nun ein zweites Mal hin und nimm wahr, welche Empfindungen und Gefühle die jeweiligen Situationen in dir hervorgerufen haben: War da Freude, Dank, Schmerz, Hoffnung, Angst, Trauer, Liebe, Glauben? Nun schaue ein drittes Mal hin und nimm wahr, welche Empfindungen und Gefühle deine jeweiligen Handlungen in den Menschen hervorgerufen haben, denen du heute begegnet bist. Wem bist du begegnet? An welchen Orten? *Wo warst du heute ungerecht?*

Ins Wort bringen, was sich gezeigt hat: Versuche das, was jetzt in dir da ist, in Worte zu fassen und konkret auszusprechen. Gut wenn du es laut aussprechen kannst, so ist es in der Welt. Wenn nicht, formuliere es in deinen Gedanken.

Auf den nächsten Tag zugehen: Sieh nun auf das, was dich morgen erwartet an Aufgaben, an Begegnungen und Tätigkeiten. Vielleicht möchtest du etwas von dem, was jetzt in dir ist, mit hinübernehmen in den neuen Tag.

Die Herrlichkeit in uns

Henri Nouwen, ein niederländischer Priester, Psychologe und Schriftsteller, erzählt von einer tiefen Lebenskrise, die ihn im Jahr 1974 dazu brachte, seine Professur an der Yale University ruhen zu lassen, wo er erfolgreich Mystik und Spiritualität lehrte. Er zog sich für sieben Monate zurück in die Abtei Genesee, ein Trappistenkloster im US-amerikanischen Livingston County, und versuchte, seine Selbstzweifel und seine tiefe innere Hoffnungslosigkeit zu heilen. Nach den ersten Tagen im tiefen Schweigen des stillen Klosters brachte er seine Verzweiflung vor den damaligen Abt der Abtei, Vater John Eudes Bamberger. Der gab ihm ein überraschendes geistliches Leitwort mit auf den Weg. Er sagte zu ihm, der Mittelpunkt aller seiner Bemühungen und seiner Meditationen während seines Aufenthalts im Kloster solle das Wort sein:

»Ich bin die Herrlichkeit Gottes.«

Die Herrlichkeit Gottes – ein Bild wie eine Ikone, ich, der ich um meine Bedeutungslosigkeit, meine Kleinheit und Schuldigkeit weiß, in meinen Selbstvorwürfen und Zweifeln? Ich? Die Herrlichkeit Gottes? Henri Nouwen jedenfalls notierte nach einem Monat schweigenden Gebets und Meditation in Genesee:

»Ich habe die ungeheuer große Freude, ein Mensch zu sein, einer Gattung von Lebewesen anzugehören, in der Gott selbst Fleisch geworden ist. Zwar könnten mich die Schmerzen und Absurditäten, denen wir Menschen ausgesetzt sind, überwältigen, aber jetzt erkenne ich deutlich, was wir in Wirklichkeit alle sind. Könnte doch nur jeder das erkennen! Aber man kann es nicht erklären. Es gibt einfach keine Möglichkeit, den Menschen zu sagen, dass sie alle berufen sind, wie strahlende Sonnen durch die Welt zu laufen.«

Henri Nouwen (1932–1996)

Welch übervoller Trost in Momenten, in denen ich mir klein und falsch und verkehrt vorkomme! Und doch bin ich ein Mensch voller Würde, die mir allein deswegen zusteht, weil *ich bin*. Eine strahlende Sonne – die nur untergeht, um auf der anderen Seite dereinst wieder hell zu scheinen. Und so schließt das wichtigste Gebet der Christenheit mit den Worten:

»... denn Du bist das Reich und die Kraft und die Herrlichkeit – in Ewigkeit. Amen.«

Die Blume der Vergebung

Jeder kennt das Gefühl der Verbitterung. Sie ist ein sehr persönliches Erleben und begleitet die Menschheitsgeschichte seit Anbeginn: Abel hätte vermutlich überlebt, hätte Kains Verbitterung nicht Oberhand gewonnen. Frustration, Scham, Ärger, Zorn, Aggression, Hilflosigkeit, Hoffnungslosigkeit, Kränkung können zu Verbitterung und Hass führen – und machen uns innerlich krank. Tief verbitterte Menschen sind Familie und Freunden eine Last, in unserer Verzweiflung sind wir selten zufrieden und glücklich und erleben uns selbst als Opfer.

Vergeben bedeutet nun nicht weniger, als den eigenen Groll, den inneren Unfrieden zu beenden. Das eigentliche Problem ist nicht mehr die ursprüngliche Verletzung, die mir vielleicht zugefügt wurde, sondern die eigene Verbissenheit darin – das ich mich davon nicht löse, nicht loslasse. Vergeben ist darum Loslassen, und Loslassen ist darum immer Selbstheilung. Nicht auf den anderen warten, dass er sich entschuldigt, da ich sonst von ihm abhängig bin –

ich kann mein Wohlergehen nicht in seine Hände legen. Ich entscheide, dass es mir besser gehen soll, dass mein Groll, meine Verbitterung, die mich unglücklich macht, sich auflöst. Ich vergebe und gehe in die Heilung, unabhängig, ob der andere dies will oder nicht.

Begib dich in einen ruhigen Raum und stelle sicher, für einige Zeit ungestört und in aller Stille für dich sein zu können. Es ist nicht so günstig, die kommenden Minuten in der freien Natur zu verbringen, denn du wirst für eine Zeit lang die Augen schließen und dich deinen Vorstellungen hingeben. Finde eine bequeme Position. Lies zuerst – und gehe dann in dieses Bild.

Spüre deinen Atem, spüre, wie er in dich einfließt, dich durchströmt und dich als warmer Hauch wieder verlässt. Er kommt und geht. Vor dir steht ein wunderschönes Gebäude, ein Schloss vielleicht oder doch: ein Tempel. Etwas Heiliges geht von ihm aus. Du stehst vor der großen, schweren Eingangspforte. Du spürst deinen Atem, der in dich einfließt und dich durchströmt. Wie dein Atem Dich betritt, so öffnest du nun diese Pforte und betrittst die weiten Hallen des Tempels. Während du den Tempel durchströmst, siehst du eine Treppe, die nach unten führt. Wenn du bereit bist, betritt die ersten Stufen und steig hinab. Ein Mensch begegnet dir, der auf der Treppe steht. Er gehört zu deinem Leben und du wirst ihn erkennen. Blicke ihm in die Augen, begrüße ihn und gehe die Treppe weiter nach unten. Vielleicht begegnest du auf deinem Weg nach unten noch anderen Menschen, die zu deinem Leben gehören. Begrüße sie mit einem festen Blick in ihre Augen.

Du bist unten angekommen in deinem tiefen Raum. Ein Raum, der für niemand anderes zugänglich ist als für dich.

Hier bist nur du. Du spürst die Ruhe in diesem Raum. Stille. Friede. In der Mitte dieses Raums siehst du eine wunderschöne Pflanze. Eine Blume der Vergebung mit unendlich vielen Blüten. Und es ist dir, als leuchteten sie matt von innen. Es ist dein Baum, deine Blüte, dein Strauch. Pflücke eine Blüte und sieh, wie sie augenblicklich nachwächst. Du kannst dir nun so viele Blüten nehmen, wie du möchtest, sie wachsen immer wieder nach. Wenn dein Strauß groß genug ist, bedanke dich bei deiner Blume der Vergebung und verabschiede dich.
Eine Sicherheit steigt in dir auf, dass du jederzeit wieder hierher zurückkehren kannst, in diesen Raum in deiner Tiefe, zu deiner Blume, die nur für dich ist. Doch nun ist es Zeit, wieder nach oben zu gehen. Langsam steigst du wieder nach oben, Stufe für Stufe. Die Menschen, denen du zuvor begegnet bist, sie stehen noch immer dort auf ihrer Stufe, die sie nicht verlassen mögen oder können. Du triffst den Ersten, bleibst stehen und schenkst ihm ein Lächeln. Nimm eine der Blüten und überreiche sie ihm. Fühle schweigend, was nun in dir passiert. Vielleicht möchtest du noch ein Wort sagen. Vielleicht ein Dankeschön. Oder etwas, was du diesem Menschen wünschst. Vielleicht ein »Es tut mir leid«. Vielleicht ein »Ich vergebe Dir«. Bring ins gesprochene Wort, was du sagen möchtest, sprich es laut aus. Gehe deinen Weg nach oben weiter – bis du allen Begegnungen eine Blüte geschenkt hast. Die letzte Blüte aber – sie ist für dich. Steck sie dir ins Haar, sie wird dich unsichtbar auf deinen Wegen begleiten. Wie ein warmer Hauch verlässt du nun den Tempel. Schließe die Tür.

CHRISTLICHE ABSCHIEDSKULTUR

Abschiedskultur

Dieser weihevolle Hauch, der über meinem Sterben liegt, bewirkt vor allem, dass wir uns auf eine tiefgreifende Weise voneinander verabschieden wollen. Dorthin, wo ich nun gehen werde, kann mir keiner folgen, allenfalls mich ein Stück des Wegs begleiten. Meine Ängste sind groß und ein Wiedersehen ist mindestens fraglich. Vielfach hält uns auch eine diffuse Furcht davor zurück, über die bevorstehende Trennung offen zu sprechen. Trifft dies im privaten Bereich zu Hause schon zu, umso mehr noch in dem unpersönlichen Umfeld von Krankenhäusern und Heimen.

Abschiedskultur: ein modernes Unwort, geboren aus unserem heutigen Missverhältnis zu Tod und Sterben. Es will nicht nur festlegen, was während des Sterbens geschieht, sondern auch das Vorher und das Nachher regeln, eigentlich alles Selbstverständlichkeiten. Doch in der sterilen Atmosphäre professionell geführter Einrichtungen ist es kaum möglich, Arbeitsprozesse verlässlich darauf auszurichten. Der überall vorhandene wirtschaftliche Druck macht es sehr schwer, auf meine seelischen und emotionalen Bedürfnisse einzugehen, jede Minute ist für die körperliche Pflege und die Dokumentation verplant, Kämmen drei Minuten, Duschen sieben, Stuhlgang fünf. Arztvisite: je nach dem Verlauf seiner oder ihrer 24-Stunden-Schicht. Es ist natürlich gut und ausdrücklich zu begrüßen, dass Systeme eingeführt werden, die sicherstellen sollen, dass alle Beteiligten sich an den Wünschen und Vorstellungen des sterbenden Menschen orientieren. In der Industrialisierung des Sterbens werden »Checklisten implementiert,

Steuerungsprozesse initiiert und personelle und finanzielle Ressourcen zur Schaffung von Ritualen bereitgestellt«. Es wird eine Abschiedskultur geschaffen, die mit Kultur wenig gemein hat. Und es bleibt die schal schmeckende Frage, ob es ausreicht, wenn ein entsprechender Aktionsplan jedem Mitarbeitenden vorliegt. Ein Ersatz für ehrliche menschliche Zuwendung ist dies sicherlich nicht, denn sie kann nicht per Dienstanweisung angeordnet werden. Im schlimmsten Fall führt ein solches Umfeld noch vor dem körperlichen Tod zu meinem »sozialen Tod« – er tritt von außen an mich heran, zumeist in einem weißen Kittel und geschäftigem Abarbeiten einer Pflichtenliste: meinem Sterben. Meine individuellen Eigenschaften, das, was mich ausmacht, meine Persönlichkeit, mein Charakter und Wesen werden nicht mehr wahrgenommen. Noch weniger Beachtung finden meine Bedürfnisse nach Berührung, Trost und Zuspruch. Ich werde geduzt und behandelt wie ein kleines Kind und mit kurzen Worten, flüchtigen Gesten und hastigen Handlungen bekomme ich zu spüren, dass ich nicht mehr ernst genommen werde – die totale Entmündigung. Ich liege im angsterstarrten Wachkoma, kann nicht mal mehr mit dem Mundwinkel zucken, und das Brennen meiner blinden, offenen Augen schmerzt, während über meine bevorstehende Obduktion gesprochen wird oder die Formalitäten meiner Bestattung erledigt werden. Ich werde achtlos ausgelöscht, noch bevor ich gegangen bin. Als hätte ich bereits diesen Zettel am Fuß.

Im Jahr 2018 starben in Deutschland fast 950.000 Menschen. Weit über 600.000 Menschen arbeiten in deutschen Pflegeheimen, und die ganz große Mehrheit leistet in ihren auszehrenden, anspruchsvollen und anstrengenden Berufen eine wunderbare Arbeit, voller Mitgefühl, Liebe und Hilfsbereitschaft. Doch sie werden oft ausgenutzt, leisten immense Überstunden, sind dabei hoffnungslos unterbezahlt und haben wenig Aufstiegsmöglichkeiten. Ein Politikfeld, das uns im wahrsten Sinn des Wortes *alle* angehen sollte.

Hospiz – ein liebevolles Sterben ist möglich

Ein wenig besser stellt sich die Situation in Hospizen dar, deren einziger Sinn und Zweck es ist, todkranken Menschen ein Sterben in Würde zu ermöglichen – es geht hier nicht in erster Linie darum, dem Leben mehr Tage hinzuzufügen, sondern letztlich darum, den verbleibenden Tagen mehr Leben zu ermöglichen. Diese »Palliativmedizin« genannte Behandlungsart hat einzig zum Ziel, meine unerträglichen Schmerzen und mein Leid in den letzten Tagen abzumildern und so gut es geht zu verhindern – eine Verlängerung des Lebens ist nicht der Zweck, weil es ein trostloses Fristen wäre. Großen Wert legen die anfangs noch »Sterbekliniken« genannten Hospize jedoch auf die Feststellung, dass hier das Sterben nicht »institutionalisiert« werden solle. Daher werden stationäre Hospize immer von ehrenamtlichen Initiativen gestützt. Weil sie auch personell besser ausgestattet werden, ist eine umfassendere und individuelle Behandlung möglich, die nicht so sehr von Zeitmangel getrieben ist. Zwar ist man auf Wirtschaftlichkeit bedacht, doch steht die Maximierung von Sinn im Vordergrund – nicht die Gewinnmaximierung. Und so wird Betreuung zu Fürsorge.

Das Hospiz ist die Alternative zum Sterben im Krankenhaus oder im Heim, doch es ist nicht das »medizinferne Milieu«, als das es scheinen mag. Auch hier – gerade hier – werden Sterbeverläufe mit starken Schmerz- und Beruhigungsmitteln und Angstlösern organisiert. Im Hospiz wird eine intensive medizinische und medikamentöse Begleitung meines Sterbens geleistet, vielleicht viel stärker, als dies jemals in einem Krankenhaus möglich wäre. Die gesamte Hospizbewegung hat sich jedoch auch eindeutig von der Sterbehilfe distanziert: Das Hospiz leistet mir auf meinem schweren Weg seelischen Beistand, körperliche Pflege und Unterstützung. Auch für mein Umfeld, meine Familie und meine Freunde, alle, die mich begleiten mögen. Es führt dabei meinen Tod aber nicht herbei – es gestaltet ihn.

Allem voran ist die jeweilige Behandlung darauf ausgelegt, dass ich mich möglichst wohl fühle; Anwendungen wie Eincremen, Massieren und Waschen gehen über die normale Hautpflege hinaus, »Wellness« endet hier nicht erschreckt vor dem Sterbebett. Durch den höheren Personalschlüssel werden Zeiträume frei, in denen sich die Mitarbeitenden den ihnen anvertrauten Gästen zuwenden können, und so entsteht eine Atmosphäre vertrauensvoller Nähe. Daraus entwickeln sich Gespräche in einer bemerkenswerten Offenheit und sehr persönliche Beziehungen können geknüpft werden. So weiß das behandelnde Team zumeist recht genau, wie es mir nicht nur körperlich, sondern gerade auch seelisch geht, was mich schmerzt, beschäftigt oder mir Angst macht, und kann dieses Wissen in den Tagesablauf einarbeiten. Dabei geht es vor allem um die vermeintlichen Kleinigkeiten des Lebens: Mein Leibgericht wird gekocht, meine Eitelkeiten werden ernst genommen, und wenn ich noch ein letztes Mal mit meinem Sohn ein Fußballspiel erleben möchte, so wird sogar ein Stadionbesuch organisiert, wenn dies irgendwie machbar ist. Ich werde in der Weite meiner einzigartigen Persönlichkeit gesehen, mit eigener Geschichte und Identität, ich fasse Vertrauen und kann meine Angst und meine Gedanken offenbaren, so wie ich es möchte und es mir möglich ist. Ich fühle mich angenommen in all meinem Kummer, meiner Panik und meinem Leid und kann mich darauf verlassen, dass jemand da ist, wenn ich in existenzielle Not gerate und die Welt in einem Strudel aus Sinnlosigkeit und Schmerz zu versinken scheint. Meine Aufmerksamkeit haftet nicht mehr nur an dem, was in mir stirbt – mein Blick wird frei für das, was in mir lebt. Und immer leben wird.

Wenn sich meine Sinne, die Pfade zur Außenwelt, langsam schließen, ich in mich versinke und nur noch wenig zu mir dringt, es mir nicht mehr gelingen will, die richtigen Worte zu finden und Lebenszeichen zu geben, wird im Hospiz die körperliche Pflege auf das Allernotwendigste beschränkt. Denn sie schmerzt zu oft, tut weh und kostet mich Kraft, die ich nun an anderen Stellen so nötig brauche. Doch ich spüre, dass neben mir Sitzwache gehalten und meine Hand genommen wird, meine Lippen werden befeuchtet und Schweiß wird mir von der Stirn getupft. *Fürsorge. Engel.*

Segenbringende Abschiedskultur

Inzwischen haben viele Einrichtungen eigene Konzepte zur Abschiedskultur entwickelt. In manchen Heimen erschöpft sich dies zwar im Entzünden einer Kerze im Flur, um dem Verstorbenen zu gedenken. Andere hingegen gehen viel weiter und begleiten den Sterbenden und die trauernden Angehörigen nicht nur vor dem Eintritt des Todes, sondern mit Erinnerungstagen noch Jahre über den Tod hinaus. Vieles hiervon kann auch im privaten Umfeld übernommen werden. Jede Abschiedskultur hat zum Inhalt, sich mit dem Sterben auseinanderzusetzen – mit dem der anderen genauso wie mit dem eigenen. Zum Beispiel werden die Gänge eines Hospizes mit selbst gebastelten Engelsfiguren, Schmetterlingen oder Blumen dekoriert und ausgestaltet – jedes Exponat steht hierbei für einen heimgegangenen Bewohner, trägt seinen Namen und Geburts- und Sterbedatum. Was zunächst befremdlich anmutet, zeigt den Zurückgebliebenen wie den zukünftigen Gästen, dass hier niemand vergessen wird. Es drückt aus, was jeder Besucher empfindet und dann doch oft nicht auszusprechen wagt: *Es klopft.* Der Abschied naht.

Monatlich können Trauertreffen stattfinden, zu denen jeweils einmal jährlich nochmals die Angehörigen der Verstorbenen eingeladen werden. Gemeinsam mit dem Pflegepersonal erinnert man sich an die schwere Zeit des Abschieds, lacht manches Mal und weint gemeinsam. Es wird der Heimgegangenen gedacht und für sie gebetet, und dies hilft den Lebenden wie den Toten. In anderen Hospizen gibt es »Lebensbäume«, die aus Baumscheiben bestehen, in denen die Namen der Verstorbenen eingebrannt sind. Diese Bäume wachsen und gedeihen mit der Zeit.

Ein durchdachtes Konzept der Abschiedskultur legt die einzelnen Meilensteine meines gesamten Aufenthalts in einem Hospiz fest. Zu Beginn werden neben allen Lebensdaten auch meine Vorlieben, die Konfession, der Musikgeschmack, Lieblingsmahlzeiten, Hobbys, letzte Wünsche notiert, eben alles, was für die kommenden Tage und Wochen von Belang werden könnte. Die Tagesabläufe werden strukturiert, die nächsten Angehörigen mit einbezogen, Behandlungsabläufe und -pläne besprochen, falls erforderlich werden Patientenverfügungen nochmals aktualisiert. Selbst die Wege und die Art und Weise, wie der Leichnam am Ende das Zimmer verlässt, wird festgelegt. Soll dies in aller Offenheit geschehen, was meist der Fall ist, oder möchte man, aus welchen Gründen auch immer, die anderen Gäste nicht mit dem Anblick eines hinausgetragenen Sarges konfrontieren? Gibt es einen gesonderten Andachtsraum, in dem der Tote, gegebenenfalls sogar leicht gekühlt, aufgebahrt werden kann?

Christliche Blickwinkel und Segensrituale

Im christlichen Brauchtum gibt es bestimmte traditionelle Rituale, die während des Sterbeprozesses angewendet und auf Wunsch in den allermeisten Einrichtungen eingehalten werden können. Es sind gleichsam Übergangsriten, um den Schritt in einen neuen Abschnitt des Lebens – nämlich den Tod – zu verdeutlichen und ihn für die Lebenden, die Sterbenden und die Toten zu vereinfachen. Die festen Rituale (im spirituellen und geistlichen Sinn spricht man allerdings von Ritus – den Riten) geben Struktur, Halt und Sicherheit auf dem unbekannten Weg des Sterbens.

Im katholischen Glauben ist der rechtzeitige Erhalt der Sakramente wichtig – drei der sieben Sakramente kommen hierbei zum Tragen: Der herbeigerufene Priester nimmt die Beichte ab, gestaltet die Krankensalbung (»Letzte Ölung« ist nicht der richtige Begriff, denn die Salbung kann mehrfach, auch bei schwerer Krankheit verabreicht werden) und die Kommunion. Im evangelischen Glauben dagegen gibt es keine vorgegebenen bestimmten Riten – jeder Christ kann den frei zu formulierenden Abschiedsglauben, einen Valetsegen, sprechen. »Valet« ist ein altes Wort für »Abschiedsgruß«, und ein solcher ist beispielsweise aus uralten Zeiten überliefert:

»Es segne Dich Gott, der Vater,
der Dich nach seinem Bild geschaffen hat.
Es segne Dich Gott, der Sohn,
der Dich durch sein Leiden und Sterben erlöst hat.
Es segne Dich Gott, der Heilige Geist,
der Dich zum Leben gerufen und geheiligt hat.
Gott – der Vater und der Sohn und der Heilige Geist –
geleite Dich durch das Dunkel des Todes.
Er sei Dir gnädig im Gericht
und gebe Dir Frieden und ewiges Leben.«

Aus dem Vierten Buch Mose stammt der Aaronitische Segen, der »priesterliche Segen«, der noch heute oft in evangelischen Gottesdiensten als Schlusssegen gesprochen wird:

»Der Herr segne Dich und behüte Dich.
Der Herr lasse sein Angesicht leuchten über Dir
und sei Dir gnädig.
Der Herr hebe sein Angesicht über Dich
und gebe Dir Frieden.«

In der katholischen Kirche dagegen ist der »Trinitarische Segen« üblich:

»Es segne und behüte Dich
der allmächtige und barmherzige Gott,
der Vater, der Sohn und der Heilige Geist.«

Das alte Ritual der Aussegnung ist noch heute vielen geläufig, doch wird es außerhalb der christlichen Religionen kaum mehr praktiziert. Die Aussegnung kann den bereits verstorbenen Menschen im Blick haben, wird aber im oben beschriebenen Sinn auch bei Sterbenden angewendet. Es ist wichtig zu wissen, dass jeder Mensch segnen kann, und frei gesprochene Segenswünsche sind nicht weniger wertvoll als die überkommenen, tradierten Segen. Der Gesegnete spürt den Schutz hoher Mächte – einen sterbenden Menschen zu segnen heißt viel mehr, als ihm eine gute Reise zu wünschen, und es ist mehr als ein gut gemeinter Abschiedsgruß. Es ist ein fester und konzentrierter Willensakt der Liebe, der sich an die innere Haltung des Gesegneten schmiegt und ihm Kraft und Zuversicht verleiht. Segnen am Sterbebett bedeutet nicht weniger als ein bewusstes Loslassen des geliebten Menschen, ich vertraue ihn nun ganz den Händen Gottes an. Segen ist eine sehr kraftvolle Weise des Seelengeleits, er umgibt den Sterbenden mit guten und liebevollen Energien und begleitet ihn weiter, als das Auge sehen kann. Segen entspricht dem lateinischen *benedicere* und bedeutet wörtlich »etwas Gutes über jemanden sagen«. Dabei wächst die Kraft des gesprochenen Wortes weit über seinen Klang hinaus. Es wird dann zum Segen, wenn es von liebevollen und willensstarken Gedanken und feierlichen Gesten begleitet wird, wie etwa dem Auflegen der Hand oder einem Kreuzzeichen auf der Stirn.

Segen ist eine sehr starke spirituelle Kraft, die in unser Leben strömen oder aus uns herausfließen kann. Gesegnete Menschen fühlen sich getragen von der Liebe derer, die ihnen den Segen zufließen lassen. Genauso wirkt der Segen aber auch auf denjenigen zurück, der ihn gibt, denn er ist eine schöpferische Kraft, die in alle Richtungen Gutes wirkt. Daher kann auch der Sterbende seine Lieben segnen, wenn es die körperlichen Kräfte noch erlauben. Denn gerade die bei Sterbenden bereits im Körper gelockerten Seelenkräfte können das Vergießen des Segens beflügeln und verstärken. Ich schenke meinen »Hinterbleibenden« unvergessliche Momente, die in ihrem Leben für immer von allergrößter Bedeutung bleiben werden. Sie werden sie feierlich in ihrer Erinnerung bewahren wie einen großen Schatz, der sie durch kommende schwere Stunden tragen wird. Ein erstaunliches Phänomen ist, dass auch viele nichtgläubige Menschen die positive Wirkkraft des Segens intuitiv spüren und ihn deshalb gerne empfangen.

Spätestens jetzt kann eine Sterbekerze entzündet und dem Sterbenden nach alter Tradition ein Sterbekreuz in die Hände gegeben werden. Oft wird gemeinsam mit allen Anwesenden gebetet. Niemals sollte bei all dem außer Acht gelassen werden, dass der Hörsinn des Sterbenden der letzte Sinn ist, der verlöscht. Der Sterbende muss in alles, was nun geschieht, mit einbezogen werden, und natürlich ist es von großer Hilfe, wenn jemand der Anwesenden über die Wünsche, die Neigungen und Glaubensvorstellungen des Sterbenden Bescheid weiß und sich alle danach richten können. Es ist dies nicht die Zeit, sich darüber hinwegzusetzen, nur weil man selbst zu den Dingen vielleicht anders steht. Nichts anderes zählt als der Sterbende und das unfassbare Mysterium, das sich vor unseren Augen vollzieht.

Der Tradition weiter folgend, werden nun direkt nach oder sogar kurz vor Eintreten des Todes Spiegel verhängt und die Fenster geöffnet, sodass die Seele des Verstorbenen einen leichten Weg nach draußen finden kann. Nach einer angemessenen Zeit werden Mund und Augen sanft geschlossen. Um zu verhindern, dass sich der Mund wieder öffnet, kann eine Mullbinde oder ein zusammengerolltes Tuch unter das Kinn gelegt werden. Wenn die Zeit hierfür gekommen ist, wird der Tote gewaschen und eingekleidet; dies muss vor Eintritt der Totenstarre geschehen, die nach etwa einer guten Stunde langsam im Gesichtsbereich beginnt und sich von dort aus innerhalb einiger Stunden über den gesamten Körper ausbreitet. Gelingt das nicht, kann damit gewartet werden, bis die Totenstarre langsam ausweicht – etwa 24 bis 48 Stunden nach Eintritt des Todes.

Es ist gut, wenn Familienangehörige und Trauernde bei diesen Tätigkeiten helfen oder sie ganz übernehmen, denn es vertieft den Verabschiedungsprozess und kann als feierliche Zeremonie gestaltet werden, wie dies in anderen Kulturen noch heute üblich ist. Diese *Totenfürsorge* genannte Tätigkeit ist nun nicht weniger wichtig, als es die rechte Fürsorge für den Lebenden war – für den Verstorbenen, aber auch für die trauernden Hinterbliebenen. Freilich ist das nur dann sinnvoll, wenn man diesen letzten Dienst für den Verstorbenen gerne tut und sich nicht hierzu überwinden muss; möchte man dies nicht, so ist das in Ordnung, denn der Umgang mit Toten, das Berühren der kalt werdenden Haut eines Menschen, der nicht mehr atmet, ist uns Heutigen fremd. Am allerwichtigsten ist es zu beachten, dass in diesen einzigartigen Momenten, in denen Leben und Tod so nah beieinanderliegen, dass sie kaum voneinander zu unterscheiden sind, dass in diesen Momenten alles sein darf, was sich gut und richtig anfühlt. Hier gibt es kein Vertun und in den Wogen namenloser Trauer verschwimmt alles in liebevoller und verstehender Annahme.

Daraufhin kann der Verstorbene mithilfe eines Pflegedienstes drei Tage aufgebahrt werden; dies ist auch zu Hause möglich, selbst dann, wenn der geliebte Mensch in einer Einrichtung gestorben ist. In diesen drei Tagen wird die Totenwache gehalten, Nachbarn, Freunde und Verwandte haben nochmals die Möglichkeit, Abschied zu nehmen und das Geschehene zu verarbeiten. Zudem gibt es viele tradierte Glaubensrichtungen, nach denen der Seelenaustritt über längere Zeit hinweg geschieht, bis hin zu einer Woche oder länger. So gibt es noch heute in alten

Höfen in der Schweiz und Österreich sogenannte »Seelenfenster«, Öffnungen unter dem Giebel eines Hausdaches, die niemals verschlossen werden, damit die Seelen stets einen Weg nach draußen finden können, nicht nur während der Aufbahrung des geliebten Abgeschiedenen, sondern auch im Fall eines überraschenden Todes. Der Seelenaustritt ist ein Prozess, kein abruptes Geschehen.

In diesen Tagen der Aufbahrung kann auch das »Sterbehemd« genäht werden, in dem der Tote dann bestattet wird. Das gehört zu den letzten Dingen, die man praktisch für den Verstorbenen noch machen kann, und bringt die schmerzliche seelische Trauer ins Tun dieser Welt. Es ist bereits der Beginn, die ersten zaghaften Versuche, das Leben fortan ohne den Verstorbenen zu gestalten. Und es gibt Verwandten und Freunden auch die Möglichkeit, sich hieran zu beteiligen: Kinder bemalen die Hemden, Freunde schreiben einen letzten Abschiedsgruß oder Segen darauf. Ähnlich kann auch der Sarg oder die Urne ganz persönlich gestaltet werden; vieles ist heute möglich, was zu früherer Zeit undenkbar gewesen wäre; dennoch hängt das sehr von der Art der Bestattung ab.

Zwischen Himmel und Hölle

Wenn wir ein Sterbezimmer betreten, tun wir es immer in einer andächtigen, behutsamen und achtvollen Weise – unsere innere Wahrnehmung geht auf, als wäre etwas Heiliges im Raum. Fast so, als würden wir eine Kirche, einen sakralen Kraftplatz aufsuchen, von dem wir vermuten, dass er ein Vorort unserer spirituellen Heimat ist. Wir spüren, dass hier etwas passiert, das unserem Alltagsverstand verschlossen bleiben muss und mit unseren Sinnen nicht zu fassen ist – etwas aus einer anderen Welt scheint in unsere hineinzuragen.

»Wo ist sie jetzt?« Wenn Kinder diese Frage stellen, sind wir Erwachsenen oft nicht in der Lage, Antworten zu geben, an die wir selbst glauben. Im Himmel, vielleicht. »Dort wo Oma jetzt ist, geht es ihr besser«, stellen wir fest und hoffen es doch bloß. Himmel und Hölle sind moralische Kategorien, die uns heute in ihrer scheinbaren Einfalt nicht mehr reichen – und doch ist das, was uns hinter unserer Welt erwartet, noch immer so unbekannt wie eh und je. Höllenfeuer, Teufel und Dämonen, es gibt sie wirklich für diejenigen, die daran glauben. Es gibt sie wirklich: als Kräfte, als Elend der Hoffnungslosigkeit durch Armut und Hunger, als Verlassenheit und Verzweiflung, als Ohnmacht, mit der wir vor unabänderlichen Situationen stehen. *Um den Teufel zu sehen, müssen wir nicht bis in die Hölle schauen.*

Wir haben diesen Kräften Namen gegeben und sie in Begrifflichkeiten gekleidet, um sie »begreifen« zu können. Das Fegefeuer, das über Jahrhunderte zur gelebten Wirklichkeit des Lebens gehörte –, es ist die Zwischenstation zwischen Himmel und Hölle, eine reinigende Instanz, in der der Verstorbene eine vorübergehende Zeit verbrachte, um zu reifen und zu büßen, bevor er in den Himmel eingehen konnte. Nichts anderes stellen wir heute fest, wenn wir sagen, dass uns der Sterbeprozess zu unserem Wesenskern führt und uns deutlich macht, was wirklich wichtig ist und was bleibt, wenn alles andere abfällt, abgeschnitten wird und manchmal unter großen Schmerzen losgelassen werden muss – gleichsam verbrennt.

Die Urkraft der Symbole

Und so ist der Mensch seit Jahrtausenden nicht nur entsetzt, sondern in gleichem Maße auch gebannt von dem Phänomen des Todes. Was hier wirklich passiert, können wir nicht in Worte fassen, doch die seelische Not, diesem »abgrundtiefen Rätsel« auf die Spur zu kommen und ihm Ausdruck zu verleihen, ist groß. Vielleicht ist dies die Quelle aller Religionen, allen religiösen Gefühls, aller Sehnsucht nach dem Ursprung.

Wo Sprache versagt, beginnt der weite Kosmos der Symbole und Rituale. Visionen in Todesnähe haben immer einen sehr bildhaften Charakter. Dabei ist ein Symbol immer ein Bild, das etwas über sich selbst Hinausgehendes darstellt, es *veranschaulicht* den Sinn (Logos), der aus einer anderen Wirklichkeit zu uns herüberwehen will. Wie in der Scherbe einer zerbrochenen Wahrheit noch ein Teil von ihr schimmert, vermittelt das Symbol etwas von ihrem Sinn. Wir können ihn mit dem Herzen fassen, in uns aufnehmen und verinnerlichen, ohne ihn durch das enge Gatter unseres Verstandes treiben zu müssen, durch das er nicht passen würde. Nur durch symbolhafte Darstellung erlangen wir eine Ahnung des Übersinnlichen, der seelischen Welt, und nur durch Symbolik vermag diese Welt zu uns zu sprechen. Symbole bringen diese andere Wirklichkeit in unseren Träumen, Wachbildern und Visionen in greifbare Nähe, ohne sie vollends zu entschleiern, sie bleiben den Gedanken ein umschlossener Garten. Seit Urzeiten nutzen Menschen die verhüllte Kraft der Symbolik, um der Sprachlosigkeit zu entrinnen, die sie beim Anblick eines Sterbenden umkreist.

Dieses archaische Gedankengut lässt sich zurückverfolgen bis in die frühesten Anfänge der Menschheitsgeschichte. Doch im Zuge der heutigen religionsfernen »Wissensgesellschaft« geht viel stilles Wissen um die Sprache Sterbender verloren, Wissen, das früher zum Brauchtum und zur selbstverständlichen, jedermann vertrauten Volksmedizin gehörte.

Vieles davon spiegelt sich in der Heiligenlandschaft der katholischen Kirche wider, in der diese Energien als heilige »Sterbepatrone« Gestalt annahmen, wie etwa die Tiroler Heilige, Notburga von Rattenberg (1265–1313), die in dieser Gegend häufig auf Altären, Kirchenmalereien und Andachtsbildern zu finden ist. Die »Schnitterin Tod« wird dargestellt mit einem großen Schlüsselbund, einer Ährengarbe, Broten, Wasserflaschen und, als wichtigstes Symbol: mit einer Sichel. Seit der Bronzezeit gilt die Sichel als Sinnbild des ewigen Kreislaufs des Lebens. Die Sichel wurde Verstorbenen als Grabbeigabe mit auf den Weg gegeben, mit deren Hilfe er oder sie sich von unnötigem Ballast trennen, ihn abschneiden konnte. Als »Memento mori«, eine Erinnerung an die Sterblichkeit, ist die Schnitterin Tod als weibliche Variante des Todes, als »Tödin«, noch heute auf vielen Hausaltaren der gläubigen Landbevölkerung Tirols zu Hause.

Lebendige Symbole und Symbolik

Die in der Natur am häufigsten vorkommende Form ist die Spirale, die bereits in den frühesten Kulturen unserer Vorfahren eng mit der Symbolik des Todes und des ewigen Lebenskreislaufs verbunden war. Wir finden die Spirale beim Blick auf den Boden wieder, in Schneckenhäusern, jungem Farn, Tannenzapfen, im Strudel abfließenden Wassers – wir finden sie wieder beim Blick in den Himmel, wenn der Blick staunend über die Spiralarme unserer Galaxie gleitet.

Bei den Kelten war die Spirale als Kunstform in liturgischem Gebrauch, und noch heute lassen sich dieses und viele andere tiefenwirksame Symbole in alten Kathedralen, Domen und Dorfkirchen finden, allen voran sei die bekannte Kathedrale in Chartres genannt. Das weltberühmte spirituelle Labyrinth von Chartres ist wechselweise mit dunklen und hellen Steinplatten abgesetzt in den Boden eingearbeitet und klar der Urform einer Spirale nachempfunden. Jedes Jahr am Johannistag, dem Hochfest Johannes' des Täufers, dem 24. Juni, wird in der Kathedrale die Bestuhlung zur Seite geräumt, sodass man sich das Labyrinth »erlaufen« kann. Es ist ein sehr beeindruckendes Erlebnis, wenn man sich die spirituelle Energie dieses Symbols bedächtig mit dem ganzen Körper erläuft.

Wenn man sich kreativ malend oder tanzend mit der Strahlkraft der Spirale beschäftigt, wird man jenseits des Bewusstseins bald die vitale Spiritualität spüren können, die die Verinnerlichung dieses Symbols der Natur freisetzt.

Symbole, die aufgrund ihrer starken Strahlkraft Verwendung finden, haben meistens mit Licht und Wärme, mit Wasser, Blumen oder Steinen zu tun. Teelichter in mit Sand gefüllten Schalen, in Wasser schwimmende Blumen, Blätter und Blüten strahlen Ruhe und Zuversicht aus. Selbst gesammelte Steine tragen die Dynamik guter Tage in sich, und sei es auch nur in der Erinnerung, wenn sie meine Hände schmeicheln.

Die tragenden Sinnbilder solcher Symbole sind jedem schnell zugänglich, beruhigen sprudelnde Gedankenflüsse und verstärken sich in ihrer Wirkmacht, wenn sie in die Hand genommen, berührt und mit Aufmerksamkeit »bedacht« werden. Bereits die Körperpflege des sterbenden Menschen kann als sinnliches Ritual gefeiert werden, das mit kostbaren Aromaölen und leisen Liedern begleitet wird. In der Sterbebegleitung hat sich Nardenöl bewährt, dessen vielfältig heilsame und beruhigende Wirkweise längst wissenschaftlich belegt ist – es ist eins der wenigen Öle, die die Haut nicht reizen. Nardenöl findet bereits in der Bibel Erwähnung: Es ist das Öl, mit dem Maria Magdalena Jesu‘ Füße salbte. Darüber hinaus wird nun jede Berührung wichtig. Musik, leise gesungene Lieder, gemeinsame Gebete, Vorlesen von Briefen von nahestehenden Lieben, die selbst nicht vor Ort sein können, Klangschalen, gemeinsames Schweigen. Religiöse Riten je nach Glaubensrichtung mithilfe eines entsprechenden Geistlichen (vgl. weitere Rituale S. 100).

Neben all diesem althergebrachten Wissen über die Kraft der Symbole können auch ganz persönliche Gegenstände eine große spirituelle Bedeutung für mich – und nur für mich – haben. So ist zum Beispiel der alte Suppenlöffel, mit dem ich meinem Vater in seinen letzten Tagen immer wieder einige Schluck Wasser anreichen konnte, bevor er friedlich zu Hause starb, mehr als nur ein bloßes Erinnerungsstück. Für mich ein sehr bedeutendes Symbol, das eine ewige Geschichte erzählt, das ich hüte und in Ehren halte und gern in meinen letzten Stunden bei mir haben werde. Für andere ein alter Löffel, nichts weiter.

Das große Geheimnis der Rituale

»Wie die Seele durch Träume zum Bewusstsein spricht, so spricht das Bewusstsein durch Rituale zur Seele. So wie die Seele einen Körper braucht, um in der endlichen Welt da sein zu können, so braucht auch das Empfinden des Heiligen eine Verkörperung in der sichtbaren Welt: das Ritual.«

BETTINA JAKOB

Rituale sind allgegenwärtig: Sie bestimmen unseren täglichen Lebensablauf und sind feste Ordnungsstrukturen, die Sicherheit geben. Wir nutzen sie meistens unbewusst als Möglichkeit der Gestaltung und Orientierung. Ritual im umgangssprachlichen Sinn kann ein täglicher Spaziergang sein, eine zu festen Zeiten immer wiederkehrende Handlung – manchmal auch eine »liebenswerte Macke«. Solche Rituale entwickeln wir individuell und persönlich, häufig unbewusst, sie sind eines Tages einfach da. Und dann vermissen wir sie, wenn wir einmal – aus welchen Gründen auch immer – nicht dazu kommen.

Seit einigen Jahren ist zu beobachten, dass Rituale gesellschaftlich wieder enorm an Bedeutung gewinnen. Sie bilden sich ständig neu und entwickeln sich weiter, wie zum Beispiel die Lichterketten als Zeichen der Anteilnahme und Trauer. Rituale bergen immer Geheimnisvolles, Vielschichtiges und Mysteriöses in sich – sie sprechen uns auf einer Gefühlsebene jenseits des Verstandes an, genau dort, wo wir Freude, aber auch Trauer und seelischen Schmerz vernehmen. Rituale sind in Handlungen gegossene Symbole und werden geprägt durch Gegenstände und Dinge, denen eine bestimmte Bedeutung innewohnt, Musik und Klang, Gerüche, Düfte und Bewegungsabläufe. Die Möglichkeiten sind so vielfältig wie die Menschen, von denen wir uns verabschieden. Sie verleihen uns allen Sicherheit – mir als Sterbendem, denn vor mir liegt die unausweichliche Bestimmung, mich von allem und allen zu verabschieden und in dieses unbekannte Land zu gehen, von dem ich nicht sicher wissen kann, was mich dort erwartet.

Aber auch den Angehörigen und den Menschen, die mich lieben und begleiten, geben solcherlei Rituale Mut und Kraft, denn sie hinterlassen das Gefühl, mich von guten Mächten umgeben zu wissen, *gut aufgehoben zu sein*. Sie sind eine Möglichkeit, das Unnennbare auszudrücken, ja selbst Botschaft zu sein. Dabei stützen sie uns bei unseren oftmals hilflosen Versuchen, das Geschehen irgendwie zu begreifen und letztlich akzeptieren zu können. In unserer heutigen Welt, in der wir das Sterben ausgelagert und weggeschlossen haben, gewinnen kollektive Rituale sehr an Bedeutung – wir alle erinnern uns an die Trauer, die »Lady Dianas« tragischer Unfalltod über den ganzen Kontinent warf wie ein dunkles Tuch, an die mediale »Massentrauer« nach Robert Enkes Selbstmord und Michael Jacksons viel zu frühen Tod. Unsere Unsicherheit im Umgang mit dem Tod tritt zutage, und ein großes gesellschaftliches Bedürfnis zu lernen, sich von den Verstorbenen zu trennen und ohne sie weiterzuleben, wird deutlich. Noch viel tiefer trifft aber der Verlust, wenn er in meinem nächsten Umfeld in das Leben bricht.

Die rituelle Bedeutung der Bestattung

Abschiedsrituale markieren immer einen Übergang, für die Hinterbliebenen nicht weniger als für den Verstorbenen. Der trauernde Ehepartner zum Beispiel wird durch das Ritual in den Stand des Witwers oder der Witwe überführt, bevor er in veränderter Stellung sein Leben in der Gesellschaft weiterführt. Der deutsch-französische Ethnologe Arnold van Gennep beschrieb diese »Übergangsriten« genannten Rituale bereits 1909 in seinem Werk »Les rites de passage«, sie haben bis heute unverändert Bestand. Das Abschiedsritual der Bestattungszeremonie auf dem Friedhof folgt dabei drei grundsätzlichen Schritten: Zuerst werden die Erinnerungen aus der Zeit des gemeinsamen Er-Lebens konkret und übermächtig, das Gefühl der letztendlichen, unumkehrbaren Trennung wird stark und gewaltig. Das Bewusstsein, dass die gemeinsame Zeit in unserer Welt nun zu Ende gegangen ist, beginnt in mir Wurzeln zu schlagen – war das Geschehen, das Sterben und der Tod des geliebten Menschen bis hierher unbegreiflich und nicht mit Worten zu beschreiben, so stehe ich nun vor etwas Neuem, vor einem Anfang – ich befinde mich in einem Moment des Übergangs, wie ein Zwischenraum, in dem das eine zu enden im Begriff ist und das Neue bereits werden will. Die Zeit des Loslösens kommt bedrohlich nah, und doch: Was wie ein Lösen von dem Verstorbenen scheinen mag, ist das Loslassen der gemeinsamen Zeit in dieser Welt. Nicht das Lösen voneinander. Was dagegen bleibt, ist Erinnerung.

Der nächste Schritt beendet diesen Augenblick, diesen Zwischenraum, in dem noch alles möglich schien, auf eine fast grausame Weise, die unseren Widerspruch mit Tränen ersticken kann: Mit dem ins Grab hinabgelassenen Sarg verschwindet der geliebte Mensch unwiederbringlich aus unserem Leben. Eben noch da, sichtbar, anzufassen zumindest, wenn auch kalt und starr, ist er unserer Welt enthoben, für immer fort: *allein*. Die in den Sterbestunden zuvor durchgeführten Zeremonien und Riten, die Gebete und Segnungen kommen nun erst zum rechten Tragen und entfalten ihre ganze Kraft, machen nun den Lebenden das Atmen möglich und den Gestorbenen das Gehen. Mit den ins Grab hinabgeworfenen Blumen und der Handvoll Erde setze ich das Zeichen der unabänderlichen Endgültigkeit des Abschieds.

Unmerklich gehe ich jetzt den dritten Schritt, in einen anderen Raum, in dem ein »Zauber des Anfangs« möglich wird. Bereits mit dem gemeinsamen Begräbniskaffee, dem »Leichenschmaus«, erlebe ich mich wieder als Teil der »überlebenden« Gemeinschaft, wenn auch in einer ganz anderen Rolle als zuvor. Und ein feiner Hoffnungsschimmer schmiegt sich kaum wahrnehmbar an die dunkle Schwere der Welt: wie ein Sonnenaufgang, der schon

Stunden vor seiner Geburt sanfte Lichtschlieren an den nachtschwarzen Himmel verliert. Nichts ist wie vorher. Nichts hat ein Ende, nie. Das Leben geht weiter.

Totenkulte und Zeremonien der Welt

Trauerzeremonien gibt es überall auf der Welt; sie zeigen deutlich, wie unterschiedlich wir leben, um letztlich doch den gleichen Tod zu sterben. Ein Museum in Kassel erforscht diese Zeremonien und Totenkulte, die dann zum Ritus werden, wenn sie jene spirituelle Strahlkraft beinhalten, die für jeden körperlich spürbar wird. Das »Museum für Sepulkralkultur« untersucht nicht nur die Verschiedenartigkeit von Grabstätten, sondern vergleicht die traditionellen Bestattungskulturen der Welt. Während in unseren Regionen die Bestattungsfeier zu so etwas wie einem Verwaltungsakt zu werden droht, die Gräber in Länge, Breite und Tiefe vermessen und genormt sind, Beerdigungen im strengen halbstündigen Takt durchrauschen, ist in anderen Ländern ein ganz anderer Umgang mit den Toten üblich. In Mexiko zum Beispiel geraten die jährlichen Gedenkfeiern für die Verstorbenen zu fröhlichen Festen und Feiern auf den Friedhöfen, die den Verstorbenen mit einbeziehen, man reicht ihm Essen und reichlich Tequila, um ihn so wieder in das Leben zu holen – »Santa Muerte«, die Todesheilige, wacht über diese Feste; sie ist vielleicht eine kulturell eingefärbte Entsprechung unserer heiligen Notburga von Rattenberg, der Tiroler Tödin.

In Madagaskar ist der Tod ebenso oftmals Anlass für fröhliche Familienfeiern mit Musik und großer Wiedersehensfreude; es mutet uns fremd, unheimlich und unverständlich an. Die Großfamilien, mitunter Hunderte von Menschen, treffen sich unregelmäßig alle paar Jahre zur großen Wiedersehensfeier bei der Gruft, graben die in Leinentücher gewickelten Gebeine ihrer Toten aus und feiern mit ihnen über Stunden hinweg das Leben. Jeder hat jetzt die Möglichkeit, »seinen« Toten nochmals in den Arm zu nehmen und ihm von seinem Leben zu erzählen, es wird gemeinsam gesungen, gelacht, getrunken und getanzt. Schließlich wird der Leichnam in frische Tücher geschlagen und erneut in seiner Gruft beigesetzt – wo er wieder für ein paar Jahre Ruhe findet. In Indien dagegen trifft sich die Großfamilie zur Bestattungsfeier und verbrennt gemeinsam in einer stundenlangen Zeremonie die sterblichen Überreste des Toten, bevor er beerdigt wird.

Bestattungskultur in Deutschland

Von jeher bestattete der Mensch seine Toten; die ältesten nachweisbaren Gräber werden auf etwa 50.000 v. Chr. geschätzt. Eine der ältesten Bestattungsarten ist das sogenannte »Hockergrab« – der Leichnam liegt in Embryonalstellung mit angezogenen Beinen, angewinkelten Armen und gekrümmtem Rücken auf der Seite, auf dem Rücken oder gar auf dem Bauch, als würde er die Wiedergeburt erwarten. Langsam zeigen sich auch bei uns Veränderungen und Abweichungen von den traditionellen Riten und

Gebräuchen: Der Tod wird individueller. Urnen in den Länderfarben oder umwickelt von der Fahne des Fußballvereins, Särge nach den Vorstellungen und Wünschen des Verstorbenen gefertigt, eine akribisch durchgeplante Begräbnisfeier wie vom Designer – das alles soll diesen Tag zu etwas Unvergesslichem machen.

Heute kennen Bestattungsplaner über 20 verschiedene Arten von Bestattungen, von Almwiesenbestattungen, Aschestreuwiesen, Edelsteinbestattungen, Flug- und Seebestattungen ist hier zum Beispiel die Rede. Einige Bestattungsarten sind hierzulande zwar aufgrund des noch weitgehend vorherrschenden Friedhofszwangs nicht möglich, doch auch hier haben sich in den letzten Jahren einige Veränderungen ergeben. So ist es in speziellen Fried- oder Ruhewäldern möglich, sich bereits zu Lebzeiten den Baum auszusuchen, an dessen Wurzelwerk man dereinst seine Urne beigesetzt wissen möchte. Ein regelmäßiger Besuch bei diesem Baum und eine persönliche Bindung kann die Angst vor dem Tod besänftigen, stehen Bäume doch symbolhaft für die Ewigkeit und das »Stirb und werde« der natürlichen Kreisläufe. Das Wissen, einmal Bestandteil dieses Wesens zu werden, über dessen rissiger Borke ich bereits heute meine Hand streichen lassen kann, gibt Trost und Hoffnung.

Die geheimnisvolle Kraft des Segens

Das Gegenteil des Segens ist uns nicht nur heute viel geläufiger als er selbst: *der Fluch*. Wir haben eine ziemlich genaue Vorstellung, was damit gemeint ist, und leider auch, wie es geht: auf jemanden zu fluchen oder gar jemanden zu verfluchen. Drastische Bilder tauchen im Geist auf. Wenn ich auf jemanden fluche, ist meine Konzentration, mein Gefühl auf allen Ebenen damit beschäftigt, ihm Schlechtes zu wünschen. Auch wenn ich es vielleicht nicht ausdrücklich in Worte fasse – Worte sind nicht das Mittel von Flüchen und Segen. *Sie wirken wortlos.* Ganz sicher in demjenigen, der sie gibt. Diese Bilder machen schon deutlich, wie ein »Segen« gegeben, gespendet werden kann. Ein fester innerer Gruß, mehr als ein guter Wunsch, auf den man eine Zeitlang seine Gedanken fokussiert und seine Gefühle ausrichtet. Nichts anderes darf den Geist in dieser Zeit beschäftigen.

Wir haben gehört, »Segnen« entspricht dem lateinischen *benedicere* und bedeutet wörtlich »etwas Gutes über jemanden sagen«. Das klingt einfach. Segnen ist etwas zutiefst Mencheneigenes; die Kraft zu segnen hat aber zugleich etwas fast Engelhaftes. Der Segen ist eine geistige Kraft, der in unserer physischen Welt wirken will. »Du bist ein Segen«, sagen wir zu lieben Menschen, die uns Mut und Zuversicht zusprechen. Letztlich ist jede gute Geste, kann jeder Abschiedsgruß zum Segen werden, wenn er aus der Tiefe des Herzens gemeint ist und nicht nur ein Lippenbekenntnis bleibt. Allzu oft widerfährt uns aber genau dies aus reiner Unachtsamkeit. Wir denken, es brauchte besondere Anlässe, um jemanden oder etwas zu segnen. Dabei kann jede Nichtigkeit rückwirkend zu einem besonderen Anlass werden – jeder Abschied kann für immer sein.

»Segnet, die Euch verfolgen.
Segnet und flucht nicht.«
RÖMER 12.14

Das mag einem heute manchmal gar auf der Autobahn in den Sinn kommen. Dieser Gedanke zaubert ein Lächeln auf die Lippen und der Ärger ist verflogen – und ich schenke auch dem, der mich schneidend überholt, einen guten Gedanken und vielleicht einen kleinen Segen, statt eines verbissenen Fluches. Unser Alltag bietet – leider? – mannigfaltige Möglichkeiten, hier in die Übung zu kommen.

Nimm dir ein wenig Zeit und gehe in die Stadt. Vielleicht in eine umtriebige Fußgängerzone, in ein großes Geschäft, irgendwohin, wo viel Leben herrscht. Sei aufmerksam und achtsam dabei. Achte auf die Menschen um dich herum und verbinde mit jedem Gruß, mit jedem Blick einen kurzen Segen. Tu dies bewusst, mit fester Absicht und ohne daran zu zweifeln. Vielleicht wirst du irritierte Reaktionen bemerken, denn manche Menschen spüren intuitiv die heilende Wirkung in sich einfließen wie einen warmen Luftzug. Nun spüre in dich hinein. Denn in dem gleichen Moment, in dem du den Segen innerlich formst, wirkt er auf dich zurück. Segen wirkt wie ein Lichtbogen. Es funktioniert nicht nur im Auto. Es funktioniert immer und überall, selbst wenn du anfangs nicht daran glauben magst – gib dem Segen eine Chance, probiere es aus. Das heilende, positive Gefühl, das du in diesem Moment empfindest, lügt nicht. In dem Augenblick, in dem du dem Segen eine Chance gibst, veränderst du dein Wesen. Statt dem Hass und dem Neid aufzusitzen, der dich nach einem Fluch heimsucht, löst du Missgunst und Feindseligkeit in deiner Herzenswärme auf. »Segnet die, so Euch verfluchen und bittet für die, so Euch beleidigen«, sagt Jesus Christus in der Bergpredigt (Lk 6.28).

»Nimm Dein Leben, wie es ist –
Denke nicht: So könnt' es sein.
Fluche keinem Deiner Tage –
Was Du tragen musst, das trage.
Alles, was Dir je begegnet –
Segne – und Du wirst gesegnet.«
Bô Yin Râ (1876–1943)

Auch der traditionelle Sterbesegen ist ein wunderbares Lebenszeichen, das ich jedem Menschen noch im Tode schenken kann. Segnende Gebete wirken über das Leben hinaus – sie können religiös sein, können aber auch ganz losgelöst von irgendwelchen konfessionellen Glaubensinhalten stehen. Segen kann in eigene Worte gefasst und laut ausgesprochen werden, so wird er für denjenigen, der ihn empfängt, auch im Verstande klar und entfaltet auch auf dieser Ebene seine Wirkung. Doch seine wahre Wirkmacht verbleibt immer jenseits der Worte – der stille, wortlose Segen regnet wie ein heiliger Schauer über den Menschen.

Sterbesegen

»Es segne dich Gott, der Vater,
der dich nach seinem Bild geschaffen hat.
Es segne dich Gott, der Sohn,
der dich durch sein Leiden
und Sterben erlöst hat.
Es segne dich Gott, der Heilige Geist,
der dich zum Leben gerufen

und geheiligt hat.
Gott, der Vater und der Sohn
und der Heilige Geist,
geleite dich durch das Dunkel des Todes
in sein Licht.
Er gebe dir Frieden und ewiges Leben.«
LATEINISCHER STERBESEGEN

Tiefen Frieden

»Den tiefen Frieden
im Rauschen der Wellen
wünsche ich dir.
Den tiefen Frieden
im schmeichelnden Wind
wünsche ich dir.
Den tiefen Frieden
über dem stillen Land
wünsche ich dir.
Den tiefen Frieden
unter den leuchtenden Sternen
wünsche ich dir.
Den tiefen Frieden
vom Sohne des Friedens
wünsche ich dir.«
IRISCHER SEGEN

HEIMGANG

»Vom Sterben lässt sich leicht reden, denn derweil sterben immer andere.«
KARL RAHNER (1904–1984)

Zu Hause sterben

Niemand kann nachempfinden, wie es einem sterbenden Menschen geht und wie es sein wird, was ich fühlen und empfinden werde, wenn ich aufbreche und mich aufmache, mein Leben zu vollenden. Bestimmt ist es aber von großer Bedeutung, dass alle wissen, auch die Menschen, die mich gegebenenfalls ein Stück meines schweren Weges begleiten möchten, in welche Situationen ich auf diesem Weg kommen kann, welche ganz praktischen Probleme auftreten können und wie wir uns gemeinsam darauf vorbereiten können. Denn wenn meine Versorgung und die Linderung meines körperlichen Leids aus irgendwelchen Gründen nicht mehr klappen und wir uns nur darum kümmern müssen, diese Situation in den Griff zu bekommen, dann ist es vielleicht zu spät; vielleicht werde ich dann damit überfordert sein – und es nimmt mir Zeit und Raum, die letzten Stunden meines vergehenden Lebens so sinnvoll wie möglich zu nutzen.

Fast 60 Prozent der Menschen wünschen sich, zu Hause sterben zu können, knapp 30 Prozent möchten dagegen ihre letzten Tage in der Obhut eines Hospizes oder eines Pflegeheimes verbringen. Nur etwa vier Prozent geben an, einmal in einem Krankenhaus sterben zu wollen. Die

Wirklichkeit jedoch malt ein anderes Bild: Fast 60 Prozent der Menschen sterben dort, wo sie es am wenigsten wollen: in einem Krankenhaus. Nur 20 Prozent in einem Hospiz und nur etwa 23 Prozent zu Hause. Dabei gilt es aber zu bedenken, dass das vertraute heimische Umfeld nicht für jeden Sterbeweg der richtige Ort ist und manchmal ein verklärtes Bild der Vergangenheit zu falschen Vorstellungen führt. Noch vor weniger als 50 Jahren gab es die Großfamilie, in der mehrere Generationen, wenn nicht unter einem Dach, so doch in direkter Nachbarschaft gelebt haben; dies war sicherlich eine ideale Voraussetzung für die Pflege eines todkranken Menschen, denn die zahlreichen Anforderungen von Nachtwachen, Anwendungen, Behördengängen, Einkäufen und organisatorischen Aufgaben sind für einen allein zu viel und kaum zu stemmen.

Darüber hinaus muss ich als der Sterbende natürlich in allererster Linie einverstanden sein. Was banal klingt, ist das Schwerste von allem, denn das bedeutet, dass ich die Unheilbarkeit meines Leidens anerkannt haben muss, sicher sein muss, dass ich keine umfassenden, lebensverlängernden medizinischen Eingriffe und Therapien mehr vornehmen lassen will, die einen stationären Aufenthalt im Krankenhaus oder in anderen Einrichtungen unverzichtbar machen. Die Entscheidung, die letzten Taue zu kappen, die mich noch im Hafen dieser Welt halten, diese Entscheidung zum endgültigen Aufbruch von zu Hause aus kann ich nicht allein treffen. Diesen weitreichenden Entschluss sollte ich nicht gegen den Willen derer fassen, die mich lieben – und sich um mich kümmern werden. Meine größten Bedenken als Sterbender, als hilfloser Mensch, sind dabei aber oft, dass ich meinen Nächsten nicht zur Last fallen möchte: Ihr Leben soll möglichst unbelastet von meinem persönlichen Leid weitergehen. Ich möchte ihnen nicht zumuten, stille Stunden an meinem Bett zu sitzen, mir ihre Zeit bedingungslos zu schenken, für mich zu beten, meine Angst zu zerstreuen, meine reißenden Lippen zu benetzen, mir Tränen und Schweiß vom Gesicht zu tupfen, den Geruch des Verfalls zu erdulden, mir Wasser anzureichen, meinen Leib zu halten und meinen Anblick und das Rasseln meines Atems zu ertragen. Ich möchte ihnen nicht zumuten, über sich hinauszuwachsen und alles für mich zu tun, was sie aus innerster Überzeugung und vollem Herzen tun möchten. Ich möchte ihnen nicht zumuten – mich zu lieben?

»Wenn es so weit sein wird mit mir,
brauche ich den Engel in dir.
Bleibe still neben mir in dem Raum,
jag´ den Spuk, der mich schreckt, aus dem Traum,
sing ein Lied vor dich hin, das ich mag,
und erzähle, was war manchen Tag.

Zünd ein Licht an, das Ängste verscheucht,
mach die trockenen Lippen mir feucht,
wisch´ mir Tränen und Schweiß vom Gesicht,
der Geruch des Verfalls schreckt dich nicht.

Halt ihn fest, meinen Leib, der sich bäumt,
halte fest, was der Geist sich erträumt,
spür´ das Klopfen, das schwer in mir dröhnt,
nimm den Lebenshauch wahr, der verstöhnt.

Wenn es soweit sein wird mit mir,
brauche ich den Engel in dir.«
KARL BARTH (1886–1968)

Möchte ich den Menschen, die ich am meisten liebe, diese Aussicht nicht ermöglichen, in sich diese unbeschreibliche Schönheit zu finden, indem sie mich begleiten und mir ihre Zeit und ihre Liebe bedingungslos schenken? Es gibt nicht viele Möglichkeiten im Lauf eines Lebens, den Engel in uns zu finden – der Tod ist die eine Möglichkeit, vielleicht die größte. Das ist die überraschende Seite des Todes, die große Seite, die Leben spüren, wachsen und gedeihen lässt.

»Wir wurden geboren, um die Herrlichkeit Gottes,
die in uns ist, zu offenbaren. Sie ist nicht nur in einigen
von uns, sie ist in jedem von uns.«
NELSON MANDELA (1918–2013)

Wieder ist er hier, dieser Hinweis auf die Herrlichkeit Gottes in uns. Doch im Antlitz des Todes gibt es nichts zu beschönigen und nichts zu verschweigen: Die Zeit der Wahrheit dämmert herauf. Wir sollten miteinander sprechen, solange wir es können, und diese Dinge klären, eindeutig und ohne Zweifel, am besten im Kreis aller Beteiligten, vielleicht mit Unterstützung des behandelnden Arztes. Nicht in jedem Fall ist es machbar und ratsam, nicht in jedem Fall lässt das Schicksal diesen Weg des Abschieds in den eigenen vier Wänden zu. Die ehrliche Antwort kann auch lauten, dass das Krankheitsbild oder andere Umstände meine Pflege zu Hause nicht erlauben.

Denn schließlich muss es im heimischen Umfeld, wenn auch keine Großfamilie, so doch ein Netzwerk geben, das nicht nur unterstützen will, sondern auch stark genug ist, sich den kommenden Herausforderungen zu stellen, sich auf die Abenteuer einzulassen, die das Kappen der Taue bedeutet.

Letztlich ist es nicht anders als bei einer Hausgeburt – auch sie will gut vorbereitet und akkurat durchdacht sein. Die Pflege und Betreuung der werdenden Mutter und des Kindes darf nie in Gefahr geraten. Die Menschen, die die Geburt begleiten, müssen sich zuvor darüber informieren, was passieren kann und wie in den Situationen zu handeln ist, in denen die Gebärende vor Schmerz, Freude, Angst nicht mehr für sich selbst sorgen und entscheiden kann. All dies kann und muss im Vorfeld mit allen Beteiligten, einem ganzen Netzwerk von Menschen, die mir zur Seite stehen, besprochen und vereinbart werden. Dieses Netzwerk kann aus Familie, Freunden und Nachbarn bestehen, doch daneben gibt es noch eine ganze Reihe weiterer wichtiger Hilfsangebote – die man schlichtweg kennen muss, um sie nutzen zu können.

Dem Tod im Krankenhaus kann man entkommen

Wenn wir sterben, geschieht dies allzu oft in Einsamkeit, isoliert und verlassen von allem, was uns lieb und wertvoll ist, und getrennt von Liebe, Achtung und Mitgefühl. Wir sterben in Krankenhäusern und in Heimen, fühlen uns an den Rand gedrängt, aussortiert und alleingelassen mit unserem namenlosen Schmerz und unserer Angst. Kurz vor unserem Tod kommen wir uns überflüssig, unnütz, ungewollt, ja unerwünscht vor: nur noch Ballast für alle – und eine Last selbst für uns. Vielleicht ist genau das schwerer zu ertragen als alles körperliche Leid, denn hierfür gibt es keine Therapie, auch keine Palliativmedizin, keine Linderung durch Infusion – nur die liebevolle Zuwendung, wenn sich ein Mensch an unserem Sterbebett verschenkt, verspricht Linderung. Denn wir wollen nicht gehen, weil wir überflüssig sind. Wir wollen lebenssatt unser Werk beschließen.

Wir sterben zu oft in Krankenhäusern, die selbst hinfälliger aussehen als ihre Patienten, blass, blutleer, hoffnungslos und ohne Trost. Seit vielen Jahrhunderten setzen sich Architekten und Künstler mit der Wirkung von Farben, Materialien und Werkstoffen auf die Psyche auseinander und doch sind die Gänge unserer Krankenhäuser fast immer Orte steriler Zweckmäßigkeit, unterlegt von einem strengen Geruch chemischer Reinigungsmittel. Es ist nicht wahrscheinlich, dass ich hier die Zuwendung erfahren werde, die mich spüren lässt, dass ich noch immer gewollt bin in dieser Welt. Und so liegt die Entscheidung, meinen Heimgang von zu Hause aus zu beginnen, sehr nah. Denn dort fühle ich mich angenommen und erwünscht, in vertrautem Umfeld habe ich mehr Einfluss auf die Gestaltung der kommenden schweren Tage und kann sie würdevoll verbringen. Auch meine Lieben, meine Familie, mein sorgendes Umfeld hat das Gefühl, etwas tun zu können, zu helfen, mich zu umsorgen und mich nicht im Stich zu lassen – mich zu lieben. Wenn ich es zulasse.

Patientenverfügung

Zuerst sollte nochmals überprüft werden, ob rechtlich alles abgeklärt wurde, ob alle relevanten Vorsorgedokumente ausgestellt und unterschrieben wurden. Ein weit verbreiteter Irrtum ist, dass der Ehepartner oder der nächste Angehörige automatisch irgendwelche Rechte oder Befugnisse hätte. Das ist nicht der Fall, deswegen kommt diesen Vorsorgedokumenten im Zweifel eine immense Bedeutung zu! Sicher kann ich nur sein, wenn ich sie ausgefüllt habe. Empfehlenswert ist darüber hinaus, diese Dokumente bei dem hierfür eingerichteten Zentralen Vorsorgeregister der Bundesnotarkammer zu registrieren – dies geht per Internet oder per Post für eine einmalige Gebühr von knapp 20 Euro. Dort werden diese Dokumente auf jeden Fall und schnell von den behandelnden Ärzten gefunden, selbst wenn sie zum Beispiel wegen eines schrecklichen Unfalls überraschend benötigt werden. Monatlich gehen weit über 20.000 Anfragen bei diesem Register ein. Hier soll nur ein grober Überblick über die wichtigsten sechs Dokumente gegeben werden, auf die je nach Lebenssituation keinesfalls verzichtet werden darf.

1. **Die Patientenverfügung …**
   … legt fest, wie ich behandelt werden möchte, ob im Notfall intensivmedizinische Maßnahmen zur Lebensverlängerung getroffen werden sollen oder nicht. Vieles mehr kann hierin für den Fall geregelt werden, dass ich nicht mehr ansprechbar zu sein scheine. Diese Verfügung ist jederzeit widerrufbar. Sie ist deswegen

so wichtig und absolut unverzichtbar, weil jeder Arzt gesetzlich dazu verpflichtet ist, alles dafür zu tun, das Leben eines Patienten mit allen Mitteln zu erhalten und zu verlängern – es sei denn, er hat dies mit seiner Unterschrift anders verfügt und stellt beispielsweise Schmerzfreiheit und Leidminderung mit den Mitteln der sogenannten Palliativmedizin vor die lebensverlängernden Maßnahmen der klassischen Apparatemedizin. Die Patientenverfügung sollte regelmäßig, etwa alle zwei Jahre, neu bewertet und neu unterschrieben werden, da sich in der Vergangenheit Ärzte schon erfolgreich darauf berufen haben, dass die Unterschrift bereits veraltet sei und man daher davon ausgehen könne, dass sich der Wille des Patienten geändert habe. Eine Patientenverfügung ist ein rechtlich verbindlicher Hinweis an die Betreuenden, welche Entscheidungen in medizinischer Hinsicht getroffen werden sollen. Daher ist als Nächstes wichtig:

2. **Die Betreuungsverfügung …**
   … ergänzt die Patientenverfügung und weist Ärzte und Gerichte darauf hin, wer für mich im Krankheits- und Pflegefall alltägliche Aufgaben übernehmen und Entscheidungen für mich treffen soll. Hier lege ich auch im Detail fest, welche Behandlungsmethoden ich ablehne, ob ich zum Beispiel künstliche Ernährung über eine Magensonde wünsche oder bewusst darauf verzichten möchte. Sogar die von mir bevorzugte Schlafposition kann hier festgehalten werden, für den Fall, dass ich bewegungsunfähig bettlägerig werden sollte. Der von mir genannte Betreuende ist verpflichtet, entsprechend der Betreuungsverfügung alles in die Wege zu leiten, was ich

hierin festgelegt habe, und in meinem Sinne zu entscheiden. Andererseits kann ich hierin auch dezidiert Menschen ausschließen, mein Betreuer zu werden, aus welchen Gründen auch immer. Sollte ich keinen Betreuer oder keine Betreuerin benannt haben, so wird mir amtlicherseits jemand zugewiesen, sobald ich nicht mehr für mich entscheiden kann. Dies kann im Zweifelsfall jemand sein, der völlig andere Ansichten hat als ich.

3. **Die Vorsorgevollmacht …**
   … ist die Erweiterung einer Betreuungsverfügung auf die wirtschaftlichen Belange. Sie dient dazu, die wirtschaftlichen und rechtlichen Dinge zu regeln. Ich werde ab einem bestimmten Zeitpunkt hierzu nicht mehr in der Lage sein; daher ist es unverzichtbar, eine Person meines Vertrauens dazu zu ermächtigen, alle Rechtsgeschäfte in meinem Namen zu erledigen. Vorsicht ist hier allerdings geboten, da tatsächlich alle Rechtsgeschäfte in meinem Namen getätigt werden dürfen. Gibt es eine solche Vorsorgevollmacht nicht, so kann auch hier amtsseitig ein gerichtlicher Betreuer bestellt werden, der vielleicht nicht in meinem Sinn entscheiden wird.
4. **Die Pflegeverfügung …**
   … ist zwar rechtlich nicht bindend, aber auch sie kann eine Betreuungsverfügung sinnvoll ergänzen. Hierin kann ich einen Pflegedienst auf meine Eigenheiten, auf Gewohnheiten, Vorlieben und sogar auf meinen Musikgeschmack hinweisen.
5. **Die Sorgerechtsverfügung …**
   … ist dann sinnvoll, wenn ich voraussichtlich minderjährige Kinder hinterlasse und dem Familiengericht

einen Vormund empfehlen möchte. Auch hier gilt, dass nach dem Tod beider Eltern nicht automatisch die nächsten Angehörigen oder Paten als Vormund eingesetzt werden würden.

6. **Das Testament …**
   … legt meinen letzten Willen fest – hierbei gibt es komplexe rechtliche Aspekte zu beachten, die im vorliegenden Buch nicht ausreichend behandelt werden können.

Wer sollte Bescheid wissen?

Um bereits im Vorfeld die Versorgung sicherzustellen, ist es wichtig, dass Kontakt zu einigen Einrichtungen und Institutionen hergestellt und regelmäßig gehalten wird. Allen voran sind dies natürlich die behandelnden Ärzte, die über das Krankheitsbild und die gegebenenfalls zu treffenden Maßnahmen Bescheid wissen sollten.

- Klinikarzt und Sozialdienst des Krankenhauses
- Hausarzt
- Palliativstation/SAPV und Palliativteams
- Ambulanter Pflegedienst
- Ambulanter Hospizdienst

Sterben ist ein Prozess, der sich, wenn nichts Unvorhergesehenes passiert, über Tage, Wochen, Monate erstrecken kann. Und er beginnt viel früher, als wir es ahnen. Es ist sehr ratsam, sich für diese Zeit auch grundlegende Kenntnisse über die anzuwendenden Medikamente anzueignen, die Beklemmung, Angst, Luftnot und Schmerzen bekämpfen. Es ist möglich, sich von den oben genannten Ärzten Ratschläge geben zu lassen oder einen der immer öfter angebotenen »Letzte Hilfe«-Kursen zu besuchen. In etwa drei Stunden werden die Teilnehmer im Umgang mit dem nahenden Tod Angehöriger oder Freunde geschult.

Auch die Versorgung mit SAPV (Spezialisierte ambulante Palliativversorgung) wird zunehmend besser. Jeder Krankenversicherte in Deutschland hat das Recht auf diese ambulante Versorgung, die bereits im Jahr 2007 eingeführt wurde! In einem SAPV-Team kümmern sich mehrere Spezialisten um den Sterbenden, speziell geschulte Palliativmediziner, Pflegefachkräfte, Seelsorger und Ehrenamtliche. Die Versorgung durch ein SAPV-Team kann vom behandelnden Arzt verschrieben werden. Mittlerweile gibt es deutschlandweit fast 350 SAPV-Teams, die Sterbende regelmäßig in Hospizen und zu Hause palliativ versorgen. Auch wenn die Abdeckung noch nicht flächendeckend gesichert ist, ist diese Art der medizinischen Betreuung für Sterbende eine wertvolle, nicht mehr wegzudenkende Unterstützung, die das Leid der Menschen erfolgreich lindert.

In den letzten Jahren hat die Medizin gerade im Bereich der Schmerzbehandlung und Angstlösung sehr große Fortschritte gemacht. Hierzulande gibt es inzwischen nicht nur etwa 1500 ambulante Hospizdienste, die Sterbende zu Hause begleiten, sondern auch über 230 stationäre Hospize, die mehr als 30.000 Menschen jährlich versorgen. Insgesamt kümmern sich damit rund 120.000 Menschen haupt- und ehrenamtlich um die Bedürfnisse Sterbender.

Lebensraum Sterbezimmer

Vom französischen Philosophen und Psychologen und Michel Foucault stammt der Gedanke der »Heterotopie« – eines Gegenraums, der jedem Raum innewohnt. Er macht dies an dem Beispiel deutlich, wie Kinder Räume empfinden: Da wird der Garten schnell zum undurchdringlichen Abenteuerdschungel und einen Augenblick später zur Schatzinsel, der Dachboden wird zum Ausguck am Schiffsmast, das Klassenzimmer zum Raumschiff, unterwegs, neue Galaxien zu erforschen. Kinder verbinden wie selbstverständlich die Außenwelt mit ihrer inneren Erlebniswelt, entdecken sie so immer wieder neu und verleihen den Räumen, durch die sie gehen, eine ihnen innewohnende, geheimnisvolle Bedeutung, die sich den *nicht eingeweihten* Mitmenschen kaum erschließt.

Wenn auch weniger spielerisch und viel weniger phantasiebegabt, empfinden wir Erwachsene festgelegte und bestimmten Zwecken zugeordnete Räume genauso – nämlich jeweils anders, je nachdem, welchen dahinterliegenden Sinn wir hierin erkennen wollen. Es macht einen großen Unterschied, ob ich ein Gerichtsgebäude als oder als Angeklagter betrete, ob ich in eine Bibliothek gehe, um konzentriert ein bestimmtes Werk zu suchen und dort zu studieren oder ob ich nur herumstöbere und mich umsehe. Ich gehe nicht nur mit dem *tatsächlichen* Raum in Resonanz, sondern auch mit dem ihm *innewohnenden* Gegenraum; freilich entsteht dieser Gegenraum in mir, in meiner Phantasie und Empfindungsfähigkeit, doch er wirkt auf mich und beeinflusst meine Stimmung, mein Gefühl und meine Einstellung zu ihm.

Und so macht es einen großen Unterschied, ob ich ein Sterbezimmer als Besucher, als Arzt oder als Sterbender betrete. Dies sollte bei der Vorbereitung des Raumes immer berücksichtigt werden. Und ebendies kann ich als Sterbender bereits lange im Vorfeld klären; über die Frage nach religiösen Bildern hinaus sollte dies ein Raum sein, der mich sein lässt, wie ich sein will. Der mich dennoch bei meiner Suche nach Antworten, nach Kraft und Stärke unterstützt, mir innere Freiheit gibt, in mir angenehme Gedanken und Gefühle weckt und sanfte Geborgenheit und Frieden vermittelt.

Naturräume können hierfür ein gutes Beispiel sein, Kraftorte zeichnen sich zumeist durch eine solche Atmosphäre aus, die wir ganzheitlich auf einer emotionalen Ebene wahrnehmen. Mithilfe von Symbolen und wenigen Einrichtungsgegenständen kann in jedem Raum eine ähnliche Atmosphäre entstehen, die hier *Raum greift* und die ich spüren kann.

Vielleicht sammle ich bereits in besseren Tagen Steine in einem Flussbett, die ich dekorativ in meinem Zimmer auslege – mit dem Wunsch, dass meine Lieben diese Steine später spiralförmig auf mein Grab legen werden. Vielleicht habe ich mir einen Baum in einem Ruhewald ausgesucht, zu dessen Füßen ich bald bestattet werde – kann ich bereits jetzt Früchte, Blüten, Zweige dieses Baumes in mein Zimmer, in mein Leben holen? Vielleicht kann ich mit verlassenen Schneckenhäusern das Symbol der Spirale in meinen Lebensraum holen, das vom ewigen Vergehen und Werden der Welten erzählt? Alles was mir guttut, ist erlaubt: Was mich nun umgibt, muss sich in Form, Gestalt und Ausdruck wahr, klar und rein anfühlen. Es muss mit meinem eigenen Empfinden in Einklang stehen.

Es entsteht ein Raum, der nicht durch die Begrenzung seiner Wände definiert wird, sondern durch die lichte Stimmung, die ihn flutet wie mit unsichtbarem Sonnenschein. Ein Raum, der sich zuzeiten in die Unendlichkeit meines Geistes weitet, mir aber dann festen Halt gibt, wenn ich mich darin zu verlieren glaube. Ein Raum, in dem nichts von außen auf mich eindringt – auch der Ausblick aus dem Fenster ist nicht mehr so wichtig, wenn die Gestaltung des Zimmers den Einblick in meine Innenwelt gewährt. So kann aus *meinem* Raum ein heilsamer, ein heiliger Raum werden, eine Heiligkeit, die sich nur mir erschließt. Sie bleibt dem Bewusstsein der meisten *nicht eingeweihten* Besucher verborgen, wenngleich sie eine geheimnisvolle Ausstrahlung spüren mögen. Bin ich aber nicht allein und Teil einer größeren Gemeinschaft, die sich um mich sorgen und mich begleiten möchte, bieten sich freilich offensichtliche, andere Möglichkeiten an.

Oft wird das höhenverstellbare, elektrische Pflegebett, das von den Krankenkassen für diese Zeit zur Verfügung gestellt wird, aber auch einfach mitten hinein ins Wohnzimmer, in den Lebensmittelpunkt der Familie gestellt. So bin ich stets Teil des Geschehens und in den Alltag eingebunden. Selbst wenn ich mich nicht mehr äußern kann und den Großteil des Tages schlafe oder ruhe, so können doch Kinder unbefangen an mein Bett herantreten, mich berühren, mich ansprechen und mit mir spielen … mich in ihre Innenräume einbeziehen und Teil ihrer Erlebenswelt sein lassen. Diese Bande, *Familienbande*, geben mir die unverrückbare Sicherheit, erwünscht und gewollt zu sein. »Familienbande« entstehen dann, wenn Menschen füreinander einstehen und Verantwortung füreinander übernehmen, unabhängig von einem vielleicht vorhandenen Grad der Verwandtschaft. Doch muss auch die Einrichtung des Zimmers und der restlichen Wohnung in jedem Fall den besonderen Umständen entsprechen und eine verantwortungsvolle Pflege zulassen. Bad und Toilette sollten nicht weit entfernt und möglichst einfach, schnell und vor allem barrierefrei zu erreichen sein. Besondere Vorsicht vor Stolperfallen, denn ein Sturz kann sehr tragische Konsequenzen haben – mit ungelenken Knochen kann ich mich kaum abfangen, und oft ist ein Oberschenkelhalsbruch die Folge, der dann das letzte bisschen Mobilität meist unmöglich macht.

Heilkräuter und Öle

Die Kraft des Raumes, wo auch immer er sich nun befindet, kann neben den verwendeten Symbolen auch durch das Aufstellen und Aufhängen von segensreichen Heilkräutern verstärkt werden. Jahrhundertelang waren getrocknete oder frisch gepflückte Beifußbüschel Gebärenden und Sterbenden gleichermaßen eine große Hilfe. Beifuß (*Artemisia vulgaris*) war der griechischen Göttin Artemis geweiht, der Göttin des Waldes, der Geburt und des Mondes. Der balsamische Duft der Pflanze wehrt Insekten ab und man glaubte fest daran, dass ihre mystische, heilende Kraft die Seelen auf ihrem schweren Gang in eine andere Daseinsform geleite und stärke – Geburt und Tod, Inkarnation und Exkarnation, insgeheim waren sie immer schon verschwiegene Geschwister. Eine lange Tradition in der Sterbebegleitung haben auch Engelwurz, Holunder, Wermut, Wacholder, Ringelblume und Rosmarin. Mit Rainfarn dagegen reinigte man in den schweren Zeiten der Pestepidemie Krankenzimmer und imprägnierte mit dem als Wurmmittel bekannten Kraut die Totenhemden.

Auch an diese traditionellen Mittel der Volksmedizin knüpft die sogenannte Aromatherapie an. Gerüche finden den Weg in unsere Innenwelt auf verschlungenen Pfaden und können dort ihre gedeihliche Wirkung entfalten, indem sie unserem Körper unterschwellige Signale übermitteln, die weit über unser Wachbewusstsein hinausreichen. Medizinisch ist längst erwiesen, dass Gerüche, insbesondere Naturgerüche, eine sehr starke Wirkung auf unsere Psyche und unser Wohlbefinden haben. Das gilt nicht nur für bewusst wahrgenommene Gerüche, sondern gerade auch für unbewusst wahrgenommene. Der *Nervus olfactorius* genannte Riechnerv ist der einzige von insgesamt zwölf Hirnnerven, der aufgenommene Reize direkt und ohne dazwischengeschaltete Synapsen zum Vorderhirn leitet – in der Evolution war er der erste Hirnnerv, der sich entwickelt hat. Unser allererster Sinn wirkt archaisch, direkt und intensiv, und Gerüche wecken daher die stärksten und emotionalsten Erinnerungen.

Hüllt mich zarter Rosenduft sanft ein wie ein luftiges Seidentuch, so kann sich mein Atem verlangsamen, ich werde ruhiger und meine Gesichtszüge entspannen sich. Erfahrene Therapeuten sprechen davon, dass sich hierdurch die Verbindung der Seele mit dem Körper lockern kann und mir letztlich das Sterben, das Loslassen, einfacher wird. Andere Öle wirken ähnlich und darüber hinaus auch schmerzlindernd, wie zum Beispiel das bereits erwähnte Nardenöl. Welcher Duft auch immer verwendet wird, es sollte den Pflegenden bekannt sein, dass der Sterbende ihn mag. Denn als unangenehm empfundene Gerüche sind eher Beschwernis als Erleichterung. Auch wenn Nardenöl seit Jahrhunderten in der Sterbebegleitung Verwendung findet, ist es heute leider den meisten Menschen fremd. Aromatherapeuten durchlaufen eine anspruchsvolle Ausbildung, zwischen Anemone und Zirbelkiefer gibt es Tausend Düfte und Öle zur Entspannung, zur Erleichterung des freien Atems, zur Aufhellung der Stimmung oder zur Lösung von Angstzuständen.

Um einen geliebten Menschen zu salben, braucht es jedoch keine Ausbildung und keine Absicht, die über ehrlich gemeinte Zuwendung hinausgeht. Eine gute Vertrauensbasis geht leicht über in Berührungen und mit leiser Musik und zarten Düften kann die Salbung zu einem Ritual aufblühen, das die trennenden Mauern des Sterbens einreißt. Sanfte Massagen sind jetzt Balsam für meinen geschundenen und wunden Rücken, und jede Berührung eines vertrauten Menschen wirkt entspannend und beruhigend. Und doch bin ich noch immer ein eigenständiger Mensch mit eigenen Vorstellungen und eigenem Willen – ich möchte auch in meinem bemitleidenswertesten Zustand nichts übergestülpt und aufgedrängt bekommen, zu schnell empfinde ich das als Übergriff. Meine Würde bleibt dann bis zuletzt gewahrt, wenn bei allem, was passiert, nach meinem Einverständnis gefragt wird – und, wenn ich mich nicht mehr äußern kann: danach gespürt wird. Sensitive Menschen lassen sich von ihrem Gefühl leiten und ahnen genau, welche Handlungen und Rituale mir nun helfen, was ich begrüße und was ich eher ablehne.

Die geheimnisvolle Magie des Klangs

Alles, was das Auge betrachtet, führt den Geist, unser Gewahrsein, in die Außenwelt. Betrachte ich einen mächtigen Baum und bewundere seine kraftvolle Erscheinung, den dicken Stamm, die rissige Borke, so bin ich in Gedanken und mit meiner ganzen Aufmerksamkeit *außer mir* und ganz bei ihm. Erst wenn ich die Augen schließe und höre, wie der Wind um seine Zweige streift, wie es rauscht, säuselt, raschelt, knistert, erst dann entsteht ein Abbild des Baumes *in mir*. Ich hole ihn gewissermaßen durch seinen Klang in mich hinein, er wird Teil meiner Innenwelt. Nach Joachim-Ernst Behrendt ist die ganze Welt Klang, sind wir und alles, was lebt, ist jeder Grashalm Klang, Schwingung und Resonanz.

Daher hat Klang in seiner Schwingung die Fähigkeit, uns ohne Umwege in unserem innersten Kern und dessen Schwingung zu erreichen, in Resonanz zu gehen. Bei Klangschalen geschieht dies über Töne in verschiedenen Frequenzen, über die Vibrationen, die in mich einschwingen und mich in jede Richtung durchdringen, wie Wellen die Oberfläche des Wassers nach einem Steinwurf. Im Werdeprozess des Lebens ist der Hörsinn der erste Sinn, der nachweislich funktioniert – bereits ab der 18. Schwangerschaftswoche kann der Fötus Geräusche wahrnehmen. Es ist erwiesen, dass »intrauterines Hören« im Mutterleib die kognitive und die emotionale Entwicklung des Kindes stark beeinflusst. Klangerfahrungen gehören zu den ersten Sinneseindrücken, die jeder Mensch noch in der vorgeburtlichen Phase erlebt – sie gehören aber auch zu den letzten Wahrnehmungen, die er in der Sterbephase noch erfährt. Das Ohr ist offensichtlich nicht nur zum Hören da, es ist, nach Alfred Tomatis, ein Eingangstor in das seelische Reich. Wie beim werdenden Kind im Mutterleib wird Musik von Sterbenden wohl nicht als Zusammenspiel verschiedener Harmonien und Rhythmen erkannt, die sich zu einer Melodie zusammenfinden, sondern als »Klangganzes«, bei dem keine Differenzierung einzelner Töne mehr möglich ist. Das gleichförmige Klangbild einer Klangschale, von Glocken oder Zimbeln ist dann einfacher und in genau diesem Sinn: *eingängiger*. Dennoch muss mit Umsicht vorgegangen werden, denn hilflos liegenden Menschen wird oftmals jedes Geräusch zu viel. Manchmal ist der Wert der Stille unermesslich, gerade wenn sie in inniger Gemeinsamkeit am Sterbebett erlebt wird. Hier ist genaues *Hinhören* notwendig.

Sterbende werden in ihrer Kraftlosigkeit feinfühliger und durchlässiger und Klang wird im Körper direkter aufgenommen; auf dem Weg des Sterbens werden unbewusste, vielleicht lange verschüttete Tiefenschichten freigelegt, und so berührt der Klang das *Innere Wesen* direkt und geht in Resonanz. Es geht nicht so sehr darum, ihn gut über unseren Hörsinn zu vernehmen – auch schwerhörige Menschen können die Wirkung dieser Schwingung empfinden, die sofort spürbar die Atmosphäre im Zimmer verändert. Es ist empfehlenswert, die Klangschale nicht unmittelbar auf dem Körper anzulegen, sondern leise und fein den Raum, in dem man die Aura des Sterbenden vermutet, mit sanften Anschlägen der Schale zu erfüllen. Durch die fein in den Körper eindringende Schwingung werden in den Zellen durcheinandergeratene Energiefelder neu geordnet, negative Gefühle wie Angst, Spannung oder festsitzender Groll können aufgelöst werden und kraftvolle Unterstützung für die Prozesse der Aussöhnung und Vergebung kann ausgelöst werden. Für diese spezielle Anwendung der Klangschalenmassage in der Sterbebegleitung werden viele verschiedene Ausbildungsmöglichkeiten angeboten.

Zu Hause sterben mit Hospizdienst

Ambulante Hospizdienste haben sich darauf spezialisiert, Sterbenden zur Seite zu stehen, ob zu Hause, zur Unterstützung in stationären Hospizen oder in Pflegeheimen und vermehrt auch in Krankenhäusern. Fast ausschließlich Ehrenamtliche, die speziell hierfür geschult wurden, übernehmen diese aufopferungsvolle Aufgabe. Die ehrenamtlich Mitarbeitenden sind die tragende Säule des ambulanten Hospizdienstes, der Teil eines breit gefächerten Versorgungsnetzwerkes ist, in dem verschiedene Berufsgruppen zusammenarbeiten. Den schwerkranken Menschen selbst, aber auch ihren Angehörigen wäre die Organisation eines solchen Netzwerkes kaum möglich. Es stellt sicher, dass die professionelle palliativmedizinische und -pflegerische Betreuung gewährleistet ist, aber auch die psychosozialen und spirituellen Bedürfnisse werden ernst genommen. Die Koordination dieses Netzwerks liegt in den Händen der hauptamtlich Beschäftigten, die in weiten Teilen die Ausbildung und Beratung der Ehrenamtlichen durchführen.

Die ambulanten Hospizdienste finanzieren sich hauptsächlich durch Spenden, werden bei bestimmten Voraussetzungen aber auch durch die gesetzlichen Krankenkassen gefördert. So ist ein ganzes Team nicht nur für die Sterbenden da, sondern steht auch den Angehörigen mit Rat und Tat zur Seite.

Man sollte nicht zögern, einen Hospizdienst hinzuzuziehen, denn je früher der Dienst eingebunden wird, desto besser können sich alle kennenlernen, Vertrauen fassen und umso individueller und intensiver kann die Beziehung zueinander werden. Die ehrenamtlichen Hospizmitarbeitenden sind erfahren im Umgang mit Todkranken und verfügen über viele Kontakte und wertvolles Wissen über den Umgang mit dieser Situation. So dreht sich in der Begleitung alles um mich, den Sterbenden, und um meine Wünsche und Bedürfnisse. Durch die regelmäßigen Besuche und die Gespräche kann ein freundschaftliches Verhältnis entstehen, das mich unterstützt und mir in meinem Wunsch, nicht allein gelassen zu werden, entgegenkommt.

Durch die Unterstützung eines erfahrenen Hospizteams kommen wichtige Faktoren in das Netzwerk der Betreuenden: Verlässlichkeit und Verfügbarkeit. Man kann sich sicher sein, dass für Sitzwachen auch mitten in der Nacht jemand zur Verfügung steht; die Menschen, die mich pflegen und hüten in dieser Zeit, werden entlastet und fühlen sich weniger allein und überfordert – denn letztendlich geht auch ihr Leben weiter, auch wenn in mir und um mich herum in den letzten Stunden meines Seins die Zeit zu stehen scheint.

Grenzen werden mir immer unwichtiger, auch zeitliche. Begrenzungen gelten nicht mehr für mich, mehr und mehr lasse ich alle beengenden Maßstäbe dieser Welt hinter mir. Manchmal irritiert das die mich umsorgenden Menschen und ich bin dankbar, wenn man mich jetzt versteht und weiß, wie sich mein Erleben und meine Wahrnehmung ändern. Ich sinke langsam in eine weiche Stille, die mich sanft umfängt und hält. Wie ein Flötenspieler in der Wüste erkenne ich nur noch mich. Schließlich wird es bald so weit sein: Ich werde sterben. Und selbst für die Zeit nach meinem Tod ist der Hospizdienst noch für meine Lieben da, in deren Obhut ich meine letzten Tage verbringen durfte. Ich bin dankbar dafür, dass sie in ihrer Trauer um mich begleitet und gestützt werden, dass ich sie nicht in Einsamkeit und Verzweiflung zurücklassen muss. Es macht mir das Gehen leichter, wenn ich sie wohlbehütet und gut beraten weiß in ihrer Not. Alle Tränen, die nun um mich geweint werden mögen, dürfen sein und niemand muss sich ihrer schämen. Die Veränderung, die mein Tod für das Leben meiner Lieben bedeutet, ist radikal und grundlegend, und es ist von unermesslich großer Bedeutung, dass sie nun gut aufgehoben sind. Tot. Und nun?

»Bedenkt: den eignen Tod, den stirbt man nur,
doch mit dem Tod der andern muss man leben.«
Mascha Kaléko (1907–1975)

Symbole: des Lebens Lauf in der Spirale

Nimm einen Stift und Papier zur Hand und suche einen ruhigen, einsamen Platz, an dem es möglich ist, dem haltlosen Getriebe der Welt eine kleine zeitlang zu entkommen. Vielleicht ein einsamer Wald, vielleicht ein Flussufer, vielleicht ein Friedhof, ein Ruhewald. Sei allein. Finde eine bequeme Position und denke deinen Lebenslauf von heute aus zurück. Denke an die zehn bedeutenden Stationen deines Lebens, die für dich entscheidend waren – von heute zurück durch die Zeit bis zu deiner Geburt. Vielleicht sind dies besondere Tage in deinem Leben: deine Hochzeit, die Geburt deines Kindes, der Tod eines lieben Menschen, bestimmte Begegnungen, ein Unfall, ein neuer Beruf, eine Trennung, ein Umzug: die Dreh- und Angelpunkte deines Lebens, die dich dahin gebracht haben, wo du heute bist. Notiere sie in kurzen Stichpunkten. Gehe nun achtsam weiter und sammle zehn Steine, die dir aus irgendeinem Grund auffallen. Sie sollten nicht zu klein und nicht zu groß sein – du wirst mit den Steinen ein Symbol legen. Sammle für jede der Lebensstationen einen Stein und *denke sie ihm zu*. Beginne mit dem Stein deiner Geburt. Suche eine freie Fläche, die groß genug ist für dein Vorhaben. Wie viel Platz du brauchst, ist dir überlassen – es sollten mindestens fünf Meter im Durchmesser sein. In den Mittelpunkt der Spirale, die nun entsteht, legst du den Stein deiner Geburt. Wenn du von

hier die bislang gedachte Spirale entlangläufst, lege sie *entgegen* dem Uhrzeigersinn. Diese Richtung steht für die *Reise nach innen*. In der zeitlichen Reihenfolge folgen nun die weiteren neun Steine, die Stationen deines Lebens, die du spiralförmig auf den Boden legst – sie sollen nicht nebeneinanderliegen, sondern jeweils ein paar Schritte auseinander, aber wenn du sie nun mit einem roten Faden verbinden würdest, würden sie die Form einer Spirale bilden, eine Spirale wie im Wasserstrudel, im Farn, an Schneckenhäusern, Windhosen, Galaxien.
Wenn du den äußersten Stein, die letzte Lebensstation, gelegt hast, verweile dort für eine Minute und denke an die Station deines Lebens, die er symbolisiert. Nun richte den Blick auf den Boden und laufe die Spirale, den Weg deines Lebens, langsam, Schritt für Schritt, in der Zeit zurück. Vielleicht kommst du dann und wann ein wenig vom Weg ab – das macht nichts, denn dieser Weg hat so wenig Begrenzungen wie dein Leben. Er enthält alle Irrwege und alle Umwege. Den nächsten Stein findest du bestimmt. Bleibe bei jedem Stein eine Zeitlang stehen, sagen wir: fünf Minuten, und denke an die Station deines Lebens, für die er steht. Dein Leben ist Bewegung und so kommst du letztendlich am Stein deiner Geburt an. Dein Leben ist wie der Lauf einer Spirale – du gehst scheinbar im Kreis, doch du kommst nicht wieder an den gleichen Punkt zurück. Der Kreis schließt sich nicht, sondern wird vom Ursprung heraus immer weiter und größer und geht vom Kleinsten in die endlose Weite der Ewigkeit. Der »Stein deiner Geburt« steht dabei nicht für den Beginn deiner Existenz, sondern vielmehr für das Tor, durch das du in diese Welt gekommen bist. Nachdem du auch hier eine

Zeitlang in Stille verweilt hast, richte den Blick in den Himmel. Du magst sie nicht sehen, die Sterne. Doch siehst du überall Spiralen. *Spüre die Verbindung*. Nimm nun den Stein deiner Geburt mit. Er soll dich fortan begleiten, und wenn du magst, kannst du ihn eines Tages auf dein Grab legen lassen. So wird die Wegmarke deiner Geburt zum ewig sichtbaren Zeichen deines Todes – und trägt deine Lebensspirale in sich. Der Stein symbolisiert nun das Tor, durch das du in diese Welt gekommen bist, genauso wie das Tor, durch das du sie wieder verlässt.

Es ist wahr: Nichts steht so sehr für den ewigen Kreislauf von Leben und Tod, von Sein und Werden wie das Ursymbol der Spirale.

Zur Illustration der Spirale und wie die Steine liegen könnten, lohnt sich ein Blick auf die Innenseite des Buchdeckels – hier ist sie exemplarisch abgebildet.

WIE WIR STERBEN

Die größte Frage des Lebens: der Tod

Es gibt so viele Arten zu sterben wie Finger an der Hand – es gibt den plötzlichen Tod, etwa durch Herzversagen, Ertrinken oder einen anderen Unfall, es gibt den schleichenden Tod, der uns lange umkreist, wie etwa die Demenz. Es gibt den Tod durch Organversagen, wie er im Laufe einer schweren Krankheit oder im hohen Alter auftreten kann und der oftmals unnötig lange hinausgezögert wird. Es gibt den Krebstod, der bei rechtzeitiger Diagnose noch eine gewisse Zeit relatives körperliches Wohlbefinden zulässt. Und es gibt den Suizid, den Selbstmord, der manchmal auch verharmlosend »Freitod« genannt wird und seine ganz eigene Linie durch die Geschichte der Menschheit zieht. Die Entscheidung, sich »das Leben zu nehmen«, ist jedoch immer zwanghaft – ob aus seelischer Not, aus geistiger Bedrängnis oder aus körperlicher, unerträglicher Pein heraus. Nicht jede Depression bleibt immer nur eine Episode im Leben. Manches Mal wächst sie sich aus zu einer dunklen Nacht, aus der es keinen Weg, kein Entrinnen zu geben scheint. Wer diesen Anwurf der Angst einmal an eigenem Leib erfahren hat, wird nie vergessen, wie bedrohlich und alles bestimmend diese Finsternis werden kann, wenn sie Körper, Geist und Seele flutet. *Umnachtung.* Doch wie jede Blume und jedes Blatt bestimmt ist für das Licht, wird auch uns jede wirklich freie Entscheidung immer zur Sonne wenden – tut sie das nicht, ist sie nicht frei.

So weiß fast niemand, welcher der fünf Wege auf uns wartet, wann die Zeit des Aufbruchs gekommen ist und wir die Segel setzen müssen – vielleicht ist gerade dieses Nichtwissen eine große Gnade, die wir im Leben haben. Wäre es anders, wir würden mitten im Leben am Tod zerbrechen. Doch wir wissen nicht wann, und wir wissen nicht wie – und das macht uns frei für diese Welt, und es macht uns frei für die bewusste Vorbereitung auf diesen Tag, ohne unter eine Art Leistungsdruck geraten zu müssen, dem wir nicht gerecht werden könnten. Schließlich haben wir keine Prüfung zu bestehen und die Versetzung ist ganz bestimmt nicht gefährdet – so viel ist gewiss. Es wird für jeden der Tag kommen, der keinen Ausweg mehr zulässt, nur noch den Weg nach vorn. Unsere Furcht vor diesem Tag hat viel damit zu tun, dass wir als Nichtmediziner normalerweise nur wenig darüber wissen, was im Sterben vor sich geht.

Die Frage nach der Entstehung des Universums ist nicht die größte Frage des Menschen. Denn da steht die Frage nach der Entstehung des jeweils ureigenen Lebens selbst davor – ohne das für uns auch diese Welt nicht existieren würde. Doch beide Fragen entziehen sich bis heute unserer letzten Erkenntnis, es gibt nicht einmal schlüssige Theorien. Es gibt bis heute keine schlüssige Definition von *Leben* an sich, Biologen behelfen sich mit Kriterien, Merkmalen, die es auszeichnen und anhand derer man es erkennen kann. Auch die manchmal geäußerte Vorstellung, unsere DNA, unsere Erbinformationen, seien für unser Leben verantwortlich, quasi seine Essenz, ist nicht richtig, denn auch die DNA besteht aus winzigen Materieteilchen, die nicht *Ursache* des Lebens sein können, sondern nur *Folge*. Wir alle sind letztlich aus dem gleichen Sternenstaub gemacht – aus der explodierenden Materie, die es bereits eine Millionstel Sekunde nach dem Urknall vor etwa 14 Milliarden Jahren gab. Oder genauer: aus dem glühenden Materieklumpen, der vor Äonen aus unserer Sonne herausgeschleudert wurde und aus dem sich unser wunderbarer blauer Planet entwickelte. In jedem von uns pulsiert die Kraft der Sonne. Hiervon sprach schon der christliche Mystiker Jakob Böhme in seinem Hauptwerk »Aurora oder die Morgenröte im Aufgang« im 15. Jahrhundert.

»Gleichwie das Auge des Menschen siehet bis in die Gestirne, daraus es seinen anfänglichen Ursprung hat, also auch die Seele siehet bis in das göttliche Wesen, darinnen sie lebt.«

JAKOB BÖHME (1575–1624)

Die Suche nach dem Urquell des Lebens führte die Wissenschaftler etwa 3,5 Milliarden Jahre zurück, zu einem geheimnisvollen Urvorfahren allen lebenden Seins, den sie auf den Namen LUCA tauften (Last Universal Common Ancestor). Diese einzellige, bakterienähnliche Urform gilt heute als erstes, primitivstes Leben, aus dem die Fruchtfliege gleichermaßen hervorging wie das Gänseblümchen und der Mensch. Wie dieser unser gemeinsamer Vorfahre LUCA aber entstand und wie schließlich dem »Sternenstaub«, aus dem wir gemacht sind, *bewusstes Leben* eingehaucht wurde, darüber herrscht letztlich noch immer tiefes Staunen und Rätselraten. Der französische Naturwissenschaftler und Jesuitenpater Teilhard de Chardin erkannte: »Die Wurzeln unseres Seins tauchen in die unergründliche Vergangenheit hinab. Welch ein Geheimnis sind die ersten Zellen, die eines Tages vom Hauch unseres

Geistes beseelt wurden! Eine Erklärung des Universums, wenn sie befriedigen soll, muss der Innenseite der Dinge ebenso gerecht werden wie ihrer Außenseite. Dem Geist ebenso wie der Materie.« Geist und Materie, so führt er weiter aus, sind gar nicht zwei Dinge, sondern zwei Zustände: zwei verschiedene Gesichter ein und desselben kosmischen Stoffes.

Man kann es kaum deutlicher ausdrücken: Die Erklärungsversuche des Stofflichen und die Wege des Seelischen sind zwei voneinander sehr verschiedene Aspekte. Und so wenig man mit dem außersinnlichen »seelischen Auge« die Mechanik, die Physik und die chemischen Prozesse unserer dinglichen Welt erklären kann, so wenig vermag man mit dem rein naturwissenschaftlichen Zugang des »Sternenstaubs« den Schleier zu den letzten Fragen der Menschheit zu lüften. Dies ist der Grund, weswegen sich die materielle Welt nur dem stofflichen Auge zeigen kann, alles Seelische und Geistige dagegen seelisch erkannt werden will – das eine gehört dem einen, das andere dem anderen zu. Denselben Fehler, den religiöse Fundamentalisten begehen, wenn sie religiöse Texte buchstäblich verstehen, machen Naturwissenschaftler, wenn sie nicht bereit sind, hinter die Fakten zu sehen. Das Leben, das wir eigentlich sind, ist intellektuell so wenig fassbar wie der Tod, den wir erleiden. Wir können weder das eine noch das andere denkerisch erfassen.

»Ich nehme dunkel wahr, dass alles Leben um mich herum stetem Wandel und dem Gesetz des Todes unterworfen ist. Doch mitten in dieser ständigen Veränderung gibt es eine lebendige Macht, die

unvergänglich ist und alles zusammenhält. Sie schafft Leben, löst es auf und schafft es neu. Diese formende Macht des Geistes ist Gott. Nichts, was ich mit meinen Sinnen wahrnehme, hat Bestand. Nur er alleine hat Bestand.«

MAHATMA GANDHI (1869–1948)

Was mit unserem Körper geschieht

Unser Körper, in dem dieses rätselhafte Leben haust, ist im Tod aus physischen Gründen nicht mehr imstande, sich zu erhalten. »Sterben« ist das unwiderrufliche Aufgeben des irdischen Leibes, seiner Organe und seiner Sinne – und Staub wird zu Staub. Doch lange bevor wir in unser bewusstes Leben eintreten, lange bevor wir überhaupt in diese Welt hineingeboren werden, sind wir an den Tod gewöhnt – ja ohne Tod und Sterben wäre unser Leben gar nicht möglich.

Bereits im Mutterleib sterben durch bildende Kräfte lebende Zellen unseres werdenden Leibes wieder ab, um unseren Körper zu formen und unseren Organismus lebensfähig zu machen. Überflüssige Zellen gehen freiwillig in den Tod und folgen beim gesunden Menschen ihrer in das Erbgut eingeschriebenen Bestimmung. Ohne diese ordnende und formgebende Kraft würden wir wohl zum chaotischen Zellhaufen mutieren. Der Tod ist der fruchtbare Boden, in dem alles Leben wurzelt und der uns werden lässt, was wir sind. »Stirb und werde!«, dieses ewige Wort ist nicht als chronologische Abfolge zu verstehen, sondern geschieht zeitgleich und wird hier zum »Sei und werde!«. Wild wuchernde Zellen sind krank – vielleicht könnte man sogar sagen: Ihr Lebenshunger ist zu groß, als dass sie sich dem übergeordneten Überlebenswillen des Gesamtorganismus unterordnen wollten. Krebs ist eine Geißel des Fleisches, die ihm selbst zugrunde liegt.

Auch wenn die heutige Medizin mit zunehmender Zuverlässigkeit vorhersagen kann, ob eine Krankheit tödlich verläuft oder nicht – die Forschung, wie viel Tage oder Monate einem Todkranken bleiben, steckt noch immer in den Kinderschuhen; vielleicht findet man eines Tages tatsächlich auch diesen Marker in unserem Blutbild. Doch wir wissen schon lange, dass der Mensch den natürlichen Tod nicht auf einmal stirbt. Lukas Radbruch, der Präsident der Deutschen Gesellschaft für Palliativmedizin und Professor an der Uniklinik Bonn geht davon aus, dass der Prozess des Sterbens sehr unterschiedlich verläuft und mitunter über Jahre andauern kann. Wenn ich die letzte Stufe meines Lebens erklimme und in die »terminale Phase« eintrete, lässt meine Spannkraft nach, werde ich schwächer, Müdigkeit und Kraftlosigkeit nehmen spürbar zu und die Funktion meiner Organe lässt merklich nach, kraftschöpfender Stoffwechsel findet immer weniger statt. Die Welt wird kleiner, meine Sinne, die Pfade zu meiner Innenwelt, werden enger und schwer begehbar – mein Rückzug beginnt.

Heutige Palliativmediziner sind der Ansicht, dass sich im Sterbeprozess der gesamte Organismus umprogrammiert, ähnlich wie das bei einer Geburt der Fall ist: Es werden Botenstoffe ausgeschüttet, der Körper startet unbewusste physiologische Vorgänge, die ganz natürlich Schmerzen lindern und für einen schonenden Ablauf sorgen. Nicht mehr Aufbau und Erhalt der Gesundheit stehen im Vordergrund, sondern Abbau und Rückzug. Irgendwann gleite ich in die »präfinale Phase«, ich spüre Luftnot und Schmerzen, meine Müdigkeit wird größer, unwiderstehlich zieht mich der Schlaf immer wieder zu sich hinab und löst mich mit sanften Händen gleichsam nach und nach aus den festen Fugen meines Lebens. In der »finalen Phase« letztlich werde ich kaum mehr wirklich wach, auch Hunger und Durst spielen für mich keine Rolle mehr. Das hat nichts mit Verhungern oder Verdursten zu tun, denn gerade eine leichte Austrocknung sorgt in meinem Gehirn dafür, dass weitere Botenstoffe ausgeschüttet werden, die mein Leid mindern: körpereigene Opiumstoffe, endogene Opiate. Sie wirken schmerzlindernd, angstlösend und beruhigen meine aufgewühlte Seele. Essen und Trinken würden das Ausperlen des Lebens aus meinem Leib nun verzögern und mich nur aufhalten auf dem Weg, den ich doch gehen muss. Und dennoch bin ich dankbar, wenn meine aufgesprungenen Lippen und die Zunge sanft benetzt und feucht abgetupft werden. Spätestens jetzt kann auch jede künstliche Ernährung eingestellt werden. Das Einflößen von Flüssigkeit, Nahrung oder auch Sauerstoff kann mir nun nur noch Schmerzen und Ungemach bereiten. Selbst das Waschen, Umlagern und Wenden meines Körpers in meinem Bett sind für mich Belastung und Stress.

Nun wird es nicht mehr lange dauern, bis die Biomechanik meines körperlichen Lebens ganz versagt, bis der organische Tod mir die Gnade erweist und meinen Leib erlöst. In den letzten Stunden vor dem Tod wird mein Gesicht sehr blass, es bildet sich das sogenannte »Todesdreieck« um Lippen und Nase herum: seit Jahrhunderten das sichere Zeichen des nahenden Abschieds – wie ein Klopfen an der Tür. Mein ermatteter Blutkreislauf beschränkt sich auf die Versorgung von Lunge, Herz und Gehirn. Arme und Beine fühlen sich fremd und kalt an und meine Fingernägel färben sich in ein bläuliches Grau. In den Unterschenkeln und den Füßen lagert sich gesammeltes Blut ab, das nicht mehr zurücktransportiert wird. Große dunkle Flecken entstehen und nehmen Besitz von meiner Haut. Mein brodelnder Atem rasselt laut und hörbar, doch auch dies stört mich selbst kaum, auch wenn es für die Menschen um mich herum schwer zu ertragen sein mag. Das Absaugen des in meinen Bronchien angesammelten Speichels wäre für mich nun eine schmerzvolle und sinnlose Qual – denn mein Schluckreflex ist nicht mehr vorhanden, und nach einigen Minuten wäre der Speichel wieder da, sickert in die Atemwege ... und das »Todesrasseln« beginnt erneut.

Mein Atem verändert sich jetzt auffallend. Es ist kein regelmäßiges, tiefes Ein- und Ausatmen mehr, immer wieder setzt er aus, manchmal für Minuten, die sich in kleine Ewigkeiten zu dehnen scheinen. Was mich von meinem ersten Schrei an mein Erdenleben lang Zug um Zug treu begleitet hat, verlässt mich nun stotternd, seufzend und schnappend. All dies nehme ich kaum mehr wahr und es verursacht mir wenig Leid. Denn es ist ein Zeichen dafür, dass bereits sehr tief liegende Regionen meines Gehirns verloren gegangen sind. ... Ich bin in den Momenten des Übergangs, kaum hier, kaum dort, und alles verläuft ineinander wie die nassen Farben eines trocknenden Aquarells.

Unerreichbar und weit zurückgezogen in die tiefste Tiefe meines Selbst, die ich nie zuvor so erfahren durfte, erlebe ich mich nun immer mehr in meinem Geist und vergehe dieser Welt wie ein sanfter Klang, der sich schwerelos in Stille verliert. Die letzten biochemischen Aktivitäten meines Gehirns gleichen einem bunten Abschiedsgruß aus Noradrenalin, Serotonin und Dopamin, den Botenstoffen, die Glücksgefühle, Wärme und das Gefühl von Geborgensein auslösen: Ich gehe in den Frieden. Und es wird Licht in mir.

Wie ich das Ende erlebe – Phänomene am Rand meines Lebens

Was mit meinem materiellen Körper im Sterben geschieht, ist nicht von den Erlebnissen meines Geistes zu trennen. Sterbeforscher wie der Neuropsychiater und Neurophysiologe Peter Fenwick, wie Monika Renz und einige andere haben mittlerweile Tausende Sterbeverläufe untersucht und zahllose »Sterbebettvisionen« dokumentiert. Die Verläufe ähneln sich auch in ihrem chronologischen Ablauf sehr. In ihren Untersuchungen haben sie in Hospizen mit den Sterbenden und mit Pflegerinnen und Pflegern zusammengearbeitet, da diese sich in unmittelbarer Nähe zu den schwerkranken Patienten aufhalten und ihnen viel näher kommen, als dies Ärzten möglich ist. Und so kann ich eine greifbare Vorstellung darüber haben, wie es mir in den letzten Tagen meines Lebens gehen wird.

Jemand hat einen kleinen Topf mit Vergissmeinnicht auf meinen Nachttisch gestellt. In manchen Momenten sind meine Sinne klarer als jemals zuvor, als sollte ich nichts mehr versäumen, in der wenigen Zeit, die mir noch bleibt. Das Blau war niemals so tief wie jetzt. Blütenduft hält Einzug in mich wie der Frühling in den sterbenden Winter. Ich atme ihn begierig ein. Jemand hält meine Hand. Seit einigen Wochen spüre ich immer wieder ein Gewicht, es schmiegt sich an meinen Nacken und breitet sich über meine Schultern aus. Die bleierne Schwere schleicht sich über meine Arme in meinen Atem und legt sich gutmütig auf meine Augen wie eine müde Katze auf ein Kissen. Sie drückt mich sanft nach unten und drängt mich zur Ruhe, zur Unterbrechung, zu diesen Pausen. Manchmal mitten in den selten gewordenen Gesprächen oder beim Essen, das mir angereicht wird. Sie nennen es Schlaf und verlassen dann leise den Raum. Ich nenne es *den Ruf*. Es ruft.

Und dann ist es, als sinke ich in mich hinein, in eine nicht gekannte Tiefe, dem unhörbaren Ruf entgegen, hinab zum Grund. Eine warme, *leuchtende Schwärze* umfängt mich liebevoll und ich bin an einem Ort, zu dem mir niemand mehr folgen kann, nicht einmal mehr ich, nicht mein Bewusstsein, kein bleibender Gedanke. Ich er-lebe dort in einem anderen Sinn und mit anderen Sinnen. Nach einer Zeit, die ich nicht bemessen kann, beginnt der langsame Aufstieg zurück in diese Welt, und bald klopft mein Bemühen, mich zu erinnern, das Erlebte ab wie Staub von den Hosenbeinen. Was bleibt, ist ein Gefühl von reinem Licht und makelloser Unschuld. Ich bin dort etwas, das größer ist als ich. Immer nehme ich mir vor, etwas von dem, was ich dort emp-finde, wieder mit hinaufzubringen. Es mag mir nicht gelingen, auf halbem Wege entrinnt es dem Fluss meiner Gedanken, geht darin unter wie das freundliche Traumbild vom gestrigen Tag. Und vielleicht hält auch jemand meine Hand, wenn ich gehe, um zu bleiben. Ich schlage die Augen auf und blinzele. Ich liege in meinem Bett. Atme Blütenduft.

Etwa 14 Tage vor Eintritt meines Todes beginne ich Visionen wahrzunehmen wie Schatten an den Wänden, Bewegungen, unerklärliche Luftzüge und sanfte Lichterscheinungen. Sie beunruhigen mich zunächst, doch dann fasse ich ein seltsames Vertrauen. Tage später erkenne ich längst verstorbene Verwandte an meinem Bett, es sind Verwandte ersten Grades – meine Mutter, mein Vater – und Geschwister, seltener sind es vorangegangene Freunde, manchmal jedoch unbekannte Abgeschiedene. Sie betreten mein Zimmer, sind fast nie für anwesende Pflegekräfte oder Besucher sichtbar; es gibt wohl wenige Ausnahmen. Sie spenden mir Trost und sprechen mir Mut zu – ich werde nichts zu fürchten haben. Aus den Augenwinkeln entdecke ich manchmal lichtvolle Wesen, die vor meinem Fenster oder vor meinem Zimmer zu warten scheinen. Ich liege in meinem Bett, meine Gedanken hören langsam auf, mir immerfort etwas zu erzählen, und ich finde Freiheit im gegenwärtigen Augenblick – Vergangenheit und Zukunft scheinen immer weiter weg, unwirklich und belanglos. Das Getriebe dieser Welt verfängt kaum mehr, es geht über in einen hellen Frieden. Und ich bleibe im Licht.

Der plötzliche Tod mitten im Leben

Wenn er denn schon sein muss, der Tod, so wünschen sich viele Menschen einen plötzlichen und am besten einen unvermittelten Tod: ein Schlag aus dem Nichts und völlig unerwartet.

Die Statistiken der unnatürlichen Todesursachen in Deutschland zeichnen ein deutliches Bild: Herz-Kreislauf-Erkrankungen nehmen als häufigste Todesursache den ersten Platz ein, gefolgt von Krebsleiden, Lebererkrankungen und Lungenkrankheiten. Platz fünf und sechs dieser Liste bilden Selbstmord und weit dahinter Verkehrsunfälle.

Tatsächlich kann es jeden zu jeder Zeit treffen – am sogenannten Sekundentod oder am plötzlichen Herztod versterben jedes Jahr in Deutschland etwa 150.000 Menschen. Vereinfacht ausgedrückt sind die Auslöser für diese Herzattacke akute Herzrhythmusstörungen, die zu Kammerflimmern führen und den Impuls zum Herzschlag durcheinanderwirbeln. Innerhalb von Sekunden verliert der Mensch das Bewusstsein. Ohne sofortige medizinische Hilfe, zum Beispiel durch einen Defibrillator, kann der Tod innerhalb weniger Minuten eintreten. Werden im Gehirn die lebenswichtigen Zentren zerstört, die Blutdruck, Herzschlag oder Atmung regeln, wird das Überleben unmöglich. Wenn man so will, ist dies ein warmer, ein tröstlicher Tod – denn wenn das Herz stillsteht, dann kann es durchaus sein, dass wir davon nichts merken und gar nicht wissen, dass wir nun sterben. Manchmal erreicht uns dieser friedfertige Tod im Schlaf und trägt uns mit sich wie ein flüchtiger Traum, der in der Morgendämmerung verblasst. Der plötzliche Herztod schlägt meistens ohne Vorankündigung und willkürlich zu, er trifft trainierte Sportler und gesunde Nichtraucher genauso wie junge, lebensmutige Menschen, manchmal Kinder, manchmal kranke Alte. Er nimmt uns aus dem Leben, so unbedacht, wie wir manche Blume pflücken mögen.

Tritt er dann tatsächlich so ein, der plötzliche Tod, durch einen Gehirnschlag, einen Unfall, einen Herzinfarkt, sind alle Menschen ringsherum entsetzt. Nicht immer ist das, was ich mir für mich selbst wünsche, auch das Beste für meine Angehörigen und die Menschen, die mich lieben – denn der unvorhergesehene Tod lässt keinen Abschied zu, viele Dinge bleiben auch am offenen Grab noch ungesagt. Der plötzliche Tod lässt keinen Raum für irgendetwas neben ihm – auch keine Zeit der eigenen intensiven Vorbereitung, was umso dramatischer ist, je mehr ich meine Sterblichkeit zuvor aus meinem Leben verdrängt habe. Wenn mich der Tod mitten im Er-Leben trifft und mich aus allem herausreißt, was jemals war, dann löscht er von einem Wimpernschlag zum nächsten alles aus: alles, was mich in diesem einen Moment umgibt, und genauso meine innere Welt, die ich aus den unbehauenen Felsblöcken meines Lebens erbaut habe; nicht einmal undurchdringliche Dunkelheit und Stille werden da sein, denn auch für diese Wahrnehmung benötige ich Gesicht und Gehör, die Pfade meiner Sinne. Was ich »Welt« und »Ich« genannt habe, verpufft im Nirgendwo, alle Formen lösen sich auf, nichts gibt Halt, und Gedanken verschwimmen in grenzenloser Unendlichkeit. Was bislang die Gewissheit meiner Existenz ausgemacht hat, das Stoßen »am anderen« in der Welt, ist nicht mehr da. Es fehlt. Ich greife ins Leere. Mein Bewusstsein zerfließt im Unermesslichen und scheint sich aufzulösen in namenloser Bedeutungslosigkeit. Und dennoch fühle ich in diesem ungeordneten Meer des Daseins, in dem zerfaserten Chaos, in dem ich nun schwimme, dass *ich bin*. Habe ich mich nicht zu Lebzeiten mit meinem Tod beschäftigt und meine *seelische Wahrnehmungsfähigkeit* entsprechend entwickelt, so spüre ich noch nicht die helfenden Kräfte und lichtvollen Energien um mich herum, die an mir zerren und ziehen und mich erreichen wollen. Was bleibt, ist das Gefühl einer neuen, einer umfassenden, einer überwältigenden und großartigen Welt, in die ich geworfen bin wie in freiem Fall – orientierungslos noch und mit Resten eines Bewusstseins, mit dem ich anfangs nichts anzufangen weiß. Millionen Tode auf den blutigen Schlachtfeldern der Welt mögen so gestorben worden sein, tödliche Unfälle und der verzweifelt herbeigerufene Tod durch Suizid oder aktive Sterbehilfe. Manche Nahtodberichte erzählen uns von diesem Zustand in einem Zwischenreich zwischen Sein und Nichtsein, zwischen Leben und Tod (vgl. S. 190ff.).

Selbstheilung durch Loslassen

Bereits eine lange Tradition in Schweden ist das »Döstadning« (Death Cleaning). Das Kunstwort steht für die Kombination aus den Worten für »Sterben« und »Reinigung«. Das Aufräumen vor dem Tod soll es vereinfachen, die Dinge des alltäglichen Lebens zu sortieren, um letztlich nur die Spuren zu hinterlassen, die ich auch hinterlassen möchte, um zur rechten Zeit Wesentliches von Unwesentlichem zu

trennen und zu entscheiden, was mir wichtig oder unwichtig ist – mich so weit wie möglich zu trennen von den Dingen, die ich in meinem Leben nicht wirklich benötige. Als Entscheidungshilfe, welche Dinge ich weggebe und welche ich behalten will, kann der Gedanke dienen: Behalte nur, was du heute zu benötigen glaubst und trenne dich von allem, was du vielleicht morgen oder irgendwann doch brauchen könntest. »Death Cleaning«, für das es kein adäquates deutsches Wort zu geben scheint, ist insofern eine Rückbesinnung auf das Notwendige, folgt dem Trend zum Minimalismus, zeigt Wege auf zu einem Leben mit wenig Ballast, was letztlich eine Befreiung ist.Dahinter steht aber auch der Wunsch, den Hinterbliebenen die vermeintlich mühselige Arbeit abzunehmen, sich durch meine Hinterlassenschaften wühlen zu müssen und zu entscheiden, was es wert ist, aufgehoben zu werden – und was nicht.
Nimm dir nun genügend Zeit dafür, mit diesem Vorhaben durch deine Räume zu gehen. Bereite Stift und Papier vor, um Death Cleaning erst einmal nur auf Probe durchzuführen. Bereite hierfür auch eine separate Liste für ganz besondere Dinge vor, die dir besonders wertvoll sind und von denen du dich keinesfalls trennen kannst. Beginne nun mit den großen Dingen: Möbel, Schränke, vielleicht sogar den Zweitwagen oder das Fahrrad, das seit Langem ungenutzt in der Garage steht. Hier wirst du recht schnell vorankommen und die Entscheidungen treffen können. Gehe nun behutsam durch die Kleinigkeiten, die dein Leben angehäuft hat und die in Schubladen und Regalen schlummern. Vieles von dem, was du nun entdeckst, sind Dinge, die Du lange schon vergessen haben wirst. Manche haben einen Wert, auch wenn es nur der Wert der Erin-

nerung ist, der mit manchen Dingen verknüpft ist. Gerade hier fällt das Aussortieren ganz besonders schwer. Wenige Dinge kommen sicherlich auf die Liste für die »ganz besonderen Dinge«, andere kommen dagegen auf die »Behalten«-Seite, weil sie vielleicht deinen Hinterbliebenen wertvoll sein könnten. Diese Entscheidung sollte auch ihnen überlassen werden. Behalte dabei im Gedächtnis, dass das Aufräumen und »Entrümpeln« deiner Habseligkeiten auch eine Rolle im Trauerprozess deiner Hinterbliebenen spielen könnte. Nimm dir Zeit für das Aufräumen, es mag Tage dauern, bis du die Entscheidungen für dich getroffen hast, von welchen Dingen du dich trennen magst und was es auf die Liste der »ganz besonderen Dinge« geschafft hat, die dir aus welchen Gründen auch immer zu wertvoll waren, um sie wegzugeben.

Es ist diese Liste, um die es nun geht. Nimm einen Gegenstand von dieser Liste – und verschenke ihn. Nun beginnt eine innere Entwicklung, denn du musst einen Weg finden, möglichst ohne Schmerzen loszulassen. Wem wirst du es schenken? Warum ist es so wertvoll für dich? Wieso ist es so schwer? Wie fühlt es sich an? Wie entkommst du diesen Anhaftungen? Wie kannst du dich lösen? Wie wird es danach sein? Nimm dir einen Moment der Besinnung und denke darüber nach, wie das Aufräumen nun in deinem *Innenleben* aussehen würde. Von welchen Angewohnheiten würdest du dich trennen können? Auf welche Talente könntest du verzichten und welche Eigenschaften kämen auf die Liste der »ganz besonderen Dinge«? Welche Hobbys oder Aktivitäten sind zu wertvoll für dich, um sie loszulassen? Nimm dir nun einen Moment der Besinnung und denke darüber nach, für was die Dinge stehen, die dir zu wertvoll sind, als dass du sie weggeben könntest. Sie sind Sinnbild für etwas, das tiefer liegt. Denke darüber nach, dass du sie eines Tages im Angesicht des Todes loslassen musst. Was bist du dann?

Der Sterbeweg des Doktor Faust

Versuche, in die vermeintliche Dunkelheit der ewigen Wege des Menschen etwas Licht zu bringen, gab es in der Geschichte der Menschheit immer. Einem der hellsten Geister gelang ein faszinierender Blick in dieses Mysterium – in dem vielleicht größten seiner Werke ließ er uns daran teilhaben. Johann Wolfgang Goethes Faust erzählt in seinem zweiten Teil von dem langsamen Annähern des Todesmoments, wie er während eines natürlichen, allmählichen Sterbens erlebt werden kann. Goethe beschreibt, wie Faust langsam umnachtet wird und um ihn herum Dunkelheit aufsteigt, wie die körpergebundenen Sinne des Leibes immer mehr erlahmen und die natürlichen Dinge des Lebens gleichsam seiner Welt entrinnen wie Sand zwischen den Fingern. Doch dann scheinen neue, noch unbekannte Eindrücke zögerlich auf und mit ihnen schleichen sich fremde Wesenheiten ein, mit denen seine wahrnehmende Seele in einen zögerlichen Austausch gelangt.

»Die Sterne bergen Blick und Schein«, so beschreibt Goethe den Übergang. »Das Feuer sinkt und lodert klein – ein Schauerwindchen fächelt's an (…) – was schwebet schattenhaft heran?«, um später fortzufahren: »Die Nacht scheint tiefer, tief hineinzudringen – allein im Innern leuchtet helles Licht!« Dieses im Inneren aufscheinende helle Licht geht in dem Maße auf, in dem die Außenwelt in Dunkelheit untergeht. Kontrastreiche Schatten entstehen, die er nicht mehr einzuordnen weiß, und er wirft die Welten durcheinander. Noch bevor dies alles in sein Bewusstsein dringt und er erkennt, dass er gestorben ist, verheddern sich die Fäden der Welten an ihren Außennähten und gehen für Momente unentwirrbar ineinander über. Die anfangs als feindlich wahrgenommenen Wesen wie die vier grauen Weiber »Mangel«, »Schuld«, »Sorge« und »Not« weichen Himmlischen Heerscharen, Engelschören und rettenden Kräften. Bald schon hört Faust die Engel rufen: »Gerettet ist das edle Glied der Geisterwelt vom Bösen! Wer immer strebend sich bemüht, den können wir erlösen! Und hat an ihm die Liebe gar von oben teilgenommen, begegnet ihm die selige Schar mit herzlichem Willkommen!«

Sehr deutlich tritt hier wieder hervor, dass einem »guten Tod« ein gutes Leben vorangehen muss; doch sollten wir vorsichtig mit den Worten umgehen und sie nicht überhöhen – ein »gutes Leben« in diesem Sinn ist für jeden Menschen erreichbar: Bernard Jakoby kommt wieder in den Sinn (vgl. S. 36ff.) mit seinem Ratschlag, jeden Tag zu reflektieren und darüber nachzudenken, wo wir heute ungerecht gewesen sein könnten – anderen, aber auch uns selbst gegenüber. Denn die fünf Punkte, die Sterbende am meisten bedauern, was sie am liebsten anders gemacht hätten, die Bronnie Ware für uns zusammengetragen hat – sie lassen sich in einem Satz zusammenfassen:

»Ich wünschte, ich hätte mehr geliebt.«

Seufzmeditation

Begib dich in einen ruhigen Raum und stelle sicher, für einige Zeit ungestört und in aller Stille für dich sein zu können. Sei sicher, dass du genügend Zeit für dich alleine hast und nimm Stift und Papier mit, damit du deine Gedanken und Eindrücke festhalten kannst.
Mit dem ersten, tiefen Atemzug gehen wir hinein in diese Welt und mit dem letzten Ausatmen verlassen wir sie wieder. Dazwischen liegen ungezählte Atemzüge – im Ruhezustand sind es bei einem Erwachsenen etwa 16 Atemzüge pro Minute. In einem durchschnittlichen Leben hebt und senkt sich unsere Brust fast 700 Millionen Mal, so oft durchzieht uns dieses Wunder. Wir steuern dies nicht bewusst, auf fast geheimnisvolle Weise werden wir gleichsam geatmet, wir lassen es geschehen – wir bemerken unseren Atem erst, wenn er uns fehlt, wenn er stockt oder uns etwas den Atem verschlägt. Es verwundert wenig, dass die älteste Schöpfungsgeschichte der Bibel davon erzählt, dass Gott dem Menschen das Leben einblies:

»Da bildete Gott der HERR den Menschen,
Staub von der Erde, und blies den Odem des Lebens
in seine Nase, und also ward der Mensch eine
lebendige Seele.«
1 Mose 2.7

Dies war die Geburtsstunde des Menschengeschlechts. Der Anfang von allem. Atem ist der Taktgeber deines Lebens. In einem Dreiklang entspricht er deinem ganzen Sein: Körper, Seele und Geist; Einatmen, Ausatmen – Atempause. Dein Atem erzählt dir die Geschichte deines

Seins, beschreibt, wie du bist – fließt er leicht und gleichmäßig, geht er ein und aus, ruhst du in deinem Körper wie in einem Ohrensessel, oder stockt der Atem und hält immer wieder an und ruckt? Der Atem ist ein Spiegel deiner Seele – wie es dir geht, so atmest du. Du kannst das bewusst umkehren: *Wie du atmest, so geht es dir*. Darum geh aufmerksam mit dem Atem um. Wenn du darauf achtest, wirst du merken, dass du immer mal wieder einen tieferen Atemzug nimmst – du seufzt. Im Ruhezustand seufzt jeder Mensch etwa zwölfmal pro Stunde.

»Denn mein Leben ist hingeschwunden
in Kummer und meine Jahre in Seufzen.«
Ps 31.11

Hazrat Inayat Khan, Gründer des universalen Sufi-Ordens, sagt: Seufzen ist die spirituelle Praxis des Loslassens. Versuche zunächst, einfach da zu sein – so wie du jetzt da sein kannst. Stelle dich aufrecht hin. Spüre deinen eigenen Leib. Nimm wahr, was dich innerlich bewegt. Lass den Atem frei fließen, er durchspült sanft deinen ganzen Körper. Ruhig kommt er, ruhig geht er. Für alles, was nun kommt, gilt: Spüre dich. Werde dir bewusst, was du in dir wahrnimmst. Lass es jeweils mit drei tiefen, hörbaren Seufzern los. Nun gehe ins Bild.

- Nimm wahr, welche Gedanken jetzt in dir sind. Spüre für einige Atemzüge hinein. Gehe in den Dreiklang deines Atems – Einatmen. Ausatmen. Atempause. Sieh deine Gedanken freundlich an. Sie dürfen sein. Nun aber atme tief ein und lasse alles, was dich beschäftigt, mit kräftigem, hörbarem Seufzen los. Es darf gehen.

Lass den Atem nun wieder eine Zeitlang frei fließen, er durchspült sanft deinen Körper. Ruhig kommt er, ruhig geht er.

- Nimm wahr, wo in dir Müdigkeit und Erschöpfung ist. Spüre für einige Atemzüge hinein. Gehe in den Dreiklang deines Atems – Einatmen. Ausatmen. Atempause. Sieh deine Müdigkeit und Erschöpfung freundlich an. Sie dürfen sein. Nun aber atme tief ein und lasse die Kraftlosigkeit mit kräftigem, hörbarem Seufzen los. Sie darf gehen.
  Lass den Atem nun wieder eine Zeitlang frei fließen, er durchspült sanft deinen Körper. Ruhig kommt er, ruhig geht er.
- Nimm wahr, welche Widerstände jetzt in dir sind. Spüre für einige Atemzüge hinein. Gehe in den Dreiklang deines Atems – Einatmen. Ausatmen. Atempause. Sieh die Widerstände in dir freundlich an. Sie dürfen sein. Nun aber atme tief ein und lasse alles, was dich hemmt, mit kräftigem, hörbarem Seufzen los. Es darf gehen.
  Lass den Atem nun wieder eine Zeitlang frei fließen, er durchspült sanft deinen Körper. Ruhig kommt er, ruhig geht er.
- Nimm wahr, welche Ängste in dir sind. Spüre für einige Atemzüge hinein. Gehe in den Dreiklang deines Atems – Einatmen. Ausatmen. Atempause. Sieh deine Ängste freundlich an. Sie dürfen sein. Nun aber atme tief ein und lasse alles, was dich sorgt, mit kräftigem, hörbarem Seufzen los. Es darf gehen.
  Lass den Atem nun wieder eine Zeitlang frei fließen, er durchspült sanft deinen Körper. Ruhig kommt er, ruhig geht er.

- Nimm wahr, welche Verletzungen in dir sind. Spüre für einige Atemzüge hinein. Gehe in den Dreiklang deines Atems – Einatmen. Ausatmen. Atempause. Sieh deine Verletzungen freundlich an. Sie dürfen sein. Nun aber atme tief ein und lasse alle Wunden mit kräftigem, hörbarem Seufzen los. Sie dürfen heilen.
  Lass den Atem nun wieder eine Zeitlang frei fließen, er durchspült sanft deinen Körper. Ruhig kommt er, ruhig geht er.
- Nimm wahr, welcher Groll in dir ist. Spüre für einige Atemzüge hinein. Gehe in den Dreiklang deines Atems – Einatmen. Ausatmen. Atempause. Sieh deinen Groll freundlich an. Er darf sein. Nun aber atme tief ein und lasse alles, was dich verbittert, mit kräftigem, hörbarem Seufzen los. Er darf gehen.
  Lass den Atem nun wieder eine Zeitlang frei fließen, er durchspült sanft deinen Körper. Ruhig kommt er, ruhig geht er.

Dies ist das Grundgerüst der Meditation – sei frei, sie entsprechend deinen ureigenen Themen und Wünschen zu verändern. Wiederhole sie, so oft du magst. Und lass los.

ARS MORIENDI –
DIE KUNST DES STERBENS

Leben und Sterben im Zeitverlauf

Der Ruf des Todes hallt durch die Jahrhunderte und erreicht uns immer wieder in seinen verschiedensten Klangfarben und Bildern. Blicken wir zurück ins Mittelalter, das aus unserer heutigen Sicht dumpf, dunkel und grausam erscheint: Schon die durchschnittliche Lebenserwartung von 33, vielleicht 35 Jahren im ausgehenden 15. Jahrhundert lässt uns erschrocken aufhorchen. Ein solch kurzes Leben kann kaum ein erfülltes gewesen sein, ist unser erster Gedanke. Die damalige durchschnittliche Lebenserwartung von 33 Jahren kam jedoch nicht zustande, weil die meisten Menschen etwa in diesem Alter gestorben wären. Vielmehr sind sie allzu oft bereits als Kind verstorben – doch wer diese kritische Phase gar bis zu seinem 25. Geburtstag überstand, hatte auch gute Chancen, 60 Jahre und älter zu werden. Das war aber nur nochdie Hälfte der Menschen – die andere lag längst auf den Friedhöfen, die in der überwiegenden Mehrheit aus Kindergräbern bestanden haben müssen. Die extrem hohe Sterblichkeit in jungen Jahren war also in erster Linie für die geringe durchschnittliche Lebenserwartung verantwortlich, wie wir sie heute definieren. Nur jedes zweite oder dritte Neugeborene erlebte damals das 20. Lebensjahr, etwa 25 Prozent verstarben bereits im Säuglingsalter in den ersten zwölf Monaten. Die sich selbst um- und versorgende Großfamilie, wie wir sie uns heute gern in dieser Zeit vorstellen, gab es so nicht. Die Landbevölkerung lebte in den verstreuten Weilern und Dörfern in Sorgegemeinschaften, versprengte Schicksale, Einzelgänger, aus der Not geborene Sippen, Rumpffamilien. Im 15. Jahrhundert lernte ein durchschnittlicher Dorfbewohner im Lauf seines Lebens rund 300 Menschen kennen. In den Städten jedoch war das Leben nicht einfacher – das Singledasein, ungewollte Schwangerschaften, Alleinerziehende, Patchworkfamilien, all dies sind nicht erst Phänomene unserer Zeit, freilich damals ganz anders stigmatisiert, oft verheimlicht und vertuscht. Daher machen diese Vergleiche wenig Sinn, denn im Unterschied zu unserem Kulturkreis heute starben die Menschen im Mittelalter aufgrund der extrem hohen Kindersterblichkeit eher in jungen Jahren. Nur wer diese Hürde übersprang, hatte Aussicht auf ein hohes Alter. Kriege, Seuchen, Hungersnöte forderten ständig ihren besonders hohen Tribut eben bei den Schwächsten – den Kindern.

Die Lebenserwartung ist höher als je zuvor

Wir können zu Recht stolz sein auf die medizinischen, hygienischen und kulturellen Fortschritte, die die Lebenserwartung in den Industriestaaten im Vergleich zu jenen dunklen Zeiten weit mehr als verdoppelt hat. Nie in der Geschichte der Menschheit haben Menschen so lange gelebt wie wir – und dies mit so hoher Verlässlichkeit und bei relativ guter Gesundheit bis zum Ende. Die durchschnittliche Lebenserwartung der heute Geborenen (88 Jahren für Männer und 93 Jahre für Frauen) besagt im Gegensatz zu früher, dass die meisten von uns tatsächlich auch in diesem Alter sterben werden. Selbst die heute bereits 50-Jährigen haben beste Aussichten, das Alter von 84 bzw. 88 Jahren zu erreichen. Eine heute 50-jährige Frau wird mit einer Wahrscheinlichkeit von 13 Prozent ihren 100. Geburtstag erleben, und die Zahl der »Centurians«, derjenigen Menschen, die über 100 Jahre alt werden, steigt stetig. Wir erreichen in der Mehrzahl tatsächlich das durchschnittliche Sterbealter und leben heute, wenn man so will, im Schnitt fast dreimal länger als unsere Vorfahren; doch was fangen wir mit der hinzugewonnenen Lebenszeit an? Gelingt es uns, sie sinnvoll zu nutzen? Ohnehin: Zwar haben wir heute die Lebensspanne von einigen Jahrzehnten hinzugewonnen. Und nicht nur das Mehr an Jahren haben wir unseren Ahnen voraus: Wir verbringen diese Zeit in Sicherheit und in einem Wohlstand, der ihnen unbekannt war, ja unvorstellbar gewesen sein muss.

Doch der Zugewinn trügt. Denn wir haben die hinzugewonnenen Jahre in dieser Welt eingetauscht gegen die Ewigkeit, auf die unsere Vorfahren nach ihrem Ableben hoffen durften. Das Leben in dieser Welt war die Vorbereitung auf das Weiterleben nach dem Tod, denn danach begann der wichtigere Teil des Seins ja erst. Unser heutiger Blick dagegen ist nur auf das Diesseits gerichtet, denn an ein jenseitiges Leben glauben die meisten von uns nicht. Wir müssen unsere Stunden horten, sie sind gezählt, es gibt nur ein *Hier* und nirgendwo ein *Dort*. Was wir in diesem diesseitigen Leben nicht erreichen werden, nicht haben können und nicht erleben dürfen, ist unwiederbringlich verloren. Welch armseliger Tausch im wahrsten Sinne des Wortes – 90, vielleicht 100 Jahre gegen die Ewigkeit eines versprochenen Paradieses. Unser Leben ist durch den Glauben an naturwissenschaftlichen Fortschritt keineswegs länger geworden – es ist unendlich kürzer und zerbrochen! Dies ist der Grund, weswegen wir so oft rückwärtsgewandt durch unser Leben laufen, nicht hinsehen auf Alter, Tod und Abschied, sondern lieber die Jugend und das kraftvolle Leben verherrlichen, das »haben« kann und »erleben«, so viel es nur zusammenraffen kann.

Der Körper: letzter Schlupfwinkel?

Bedingt durch den schwarzen Abgrund, der heute anstelle des verheißenen Jenseits nach dem Tode auf uns wartet, ist der Körper für uns unersetzlich und viel wertvoller geworden, als er jemals war. Denn nun ist er der einzige Hort unseres Lebens, der einzige und letzte Schlupfwinkel, den wir haben. Wird er morsch und brüchig und zerfällt für immer, so falle ich mit ihm, unrettbar und verloren. Daher vertuschen wir die Falten in unserem Gesicht, treiben wir den Kult um unseren Körper, hegen und pflegen ihn mit allen Mitteln – oder zerstören ihn gar mutwillig mit Stress, Alkohol und Drogen, weil wir seine Enge und Ausweglosigkeit nicht ertragen können.

Wir haben unseren Körper, einst ein geweihter »Tempel des Heiligen Geistes«, sehenden Auges zu einer verfallenden Hütte werden lassen. Zugig und kalt, notdürftig geflickt, preisgegeben dem Zahn der Zeit. Wen wunderte es, wenn alles Göttliche aus diesen seelischen Bruchbuden längst ausgezogen wäre. Auch der Blick auf die Vielzahl der Suizide von alten Menschen in Deutschland legt die Vermutung nahe, dass ein erfülltes und glückliches Leben in diesem Lebensabschnitt eher die Ausnahme ist. Etwa 45 Prozent aller in Deutschland begangener Selbsttötungen werden von Menschen über 60 Jahren verübt. 85-jährige Männer haben eine fünfmal höhere Suizidrate als der bundesweite Schnitt.

Das mag an den sich rapide ändernden Lebensumständen liegen, die sich mit fortschreitendem Alter nicht zum Besseren wenden. Gesundheitliche Probleme werden größer, unser Körper zerfällt zusehends, er *funktioniert* nicht mehr zuverlässig, geistige Fähigkeiten lassen nach und die Mobilität schränkt sich immer weiter ein – die Kinder können nicht mehr besucht werden und oft werden Gegenbesuche immer seltener; Schicksalsschläge treffen hart, der Partner, Freunde, Geschwister sterben. Das Leben scheint dramatisch an Sinn zu verlieren, denn in unserer Leistungsgesellschaft kommt schnell das Gefühl der Nutzlosigkeit auf, wenn man nichts Zählbares mehr beizutragen hat und man möchte anderen nicht zur Last fallen. Die hinzugewonnene Lebensspanne wird bald als lebensleere Zeithülse empfunden, durch die zu stolpern sich nicht lohnt. In fast allen anderen Kulturen, etwa in Asien oder Afrika, wird das Alter anders geschätzt als hierzulande – dort ist Altsein eine Würde, hier allzu oft nur eine Bürde.

Viele Psychologen empfehlen mittlerweile, sich mit dem eigenen Tod gesellschaftlich viel früher auseinanderzusetzen und ihn bereits in der Schule zum Lebensthema werden zu lassen. Denn nur so kann er als Teil des Lebens erkannt werden, statt ihn lebenslang zu verdrängen; nur so trifft er uns nicht mit seiner ganzen unausweichlichen Wucht, wenn er uns eines Tages unvermittelt entgegentritt. So wie wir als Kinder spielerisch das Laufen lernen, so müssen wir im Alter das Gehen lernen. Das war einmal anders, denn für unsere Vorfahren gehörten *Laufenlernen* und *Gehenkönnen* untrennbar zusammen. Nur beides zusammen verleiht uns die Flügel, die uns voller Vertrauen in die jeweils vor uns liegende Zukunft tragen können, ohne an den Klippen des Übergangs zu zerschellen.

Die Vorbereitung auf den Tod

Zwar war der Blick der Menschen im Mittelalter immer voller Hoffnung in die Ewigkeit gerichtet, auf die sie hinlebten und auf die sie mit ein wenig Zuversicht und Zutun blind vertrauen durften. Doch das Schlimmste, was unseren Vorfahren in diesen Zeiten passieren konnte, war ein unvorbereiteter Tod. Ein plötzlicher Tod, der ihnen keine Möglichkeit der Vorbereitung lassen würde. Und auch die Kirche, die den manches Mal so schweren Schleier der Religion wie ein Fangnetz über das Leben der Menschen geworfen hatte, die von Fegefeuer, Höllenbrand, Teufel und Dämonen und ewiger Verdammnis predigte, machte das Sterben nicht leichter. Die tiefgläubigen Menschen waren auf Gedeih und Verderb auf den Beistand eines Priesters angewiesen, wenn ihr letztes Stündlein geschlagen hatte. Die Sterbesakramente wurden gegeben, Krankensalbung (damals noch »Letzte Ölung« genannt), Buße und die letzte Kommunion gehörten dazu. Am wichtigsten aber war die »sittliche Verfassung« des Menschen im Moment seines Todes – im Zweifel war das ewige Seelenheil in allerhöchster Gefahr. Nur entsprechend vorbereitet und im

Glauben gefestigt konnte man sicher sein, dass die Seele den sterbenden Körper ungehindert verlassen und friedlich in den Himmel eingehen konnte. Der Sterbende sah sich den übermächtigen Kräften des Bösen gegenüber, ohne geistlichen Beistand musste er allein und auf sich gestellt um seine Seele ringen und bangen. Wilde Dämonen und Teufel warteten darauf, die schutzlose und unvorbereitete Seele zu verführen und in die Hölle zu werfen: Ein Kampf zwischen den himmlischen Mächten und den Kräften des Bösen entspann sich, dem der Mensch im Sterbebett ausgeliefert war. Und auch damals war es eher die Ausnahme, dass ein Priester rechtzeitig zugegen war. Zu häufig lauerte der so gefürchtete »Plötzliche Tod« hinter der nächsten Ecke, hinter jedem Baum, in jedem Husten des Gegenübers. Zu häufig verheerten Kriege, Hunger und Seuchen ganze Landstriche und rafften die Menschen unbesehen ihres Standes dahin: Arme, Adlige, Bettler, Wandergesellen, reiche Kaufleute – und auch die Kirchenleute selbst, den Klerus.

Die Menschen starben zwar öffentlich, aber einsam und in diesem Sinne eben gottverlassen und allein, weil auf sich gestellt. Weil es keine Sicherheit gab, dass man beim Kampf um sein Seelenheil Beistand erhalten würde, tat es not, sich bereits in der Blüte des Lebens, ja von Kindesbeinen an, gut auf das Sterben vorzubereiten. Es ging nur darum, in möglichst sittenfester Gemütslage dem Tod gegenüberzutreten, um den Versuchungen der furchteinflößenden Dämonen und Teufel widerstehen zu können.

Betrachtet man die damalige Lehre der Kirche, so lagen die teuflischen Versuchungen, mit denen die Dämonen den Sterbenden aus dem Hinterhalt auflauern würden, klar auf der Hand: die Versuchung zum »Abfall vom rechten Glauben« zum Beispiel, zur »Bezweiflung der Barmherzigkeit Gottes«, zu »Stolz und Überheblichkeit«. Aber auch das Treiben in die Verzweiflung war gefürchtet: Die Gesandten der Hölle führten dem Sterbenden seine Lebenssünden und Verfehlungen vor Augen, machten ihm weis, dass er ohnehin verloren sei, sodass er alle Hoffnung fahren lassen und furchterfüllt nach jedem hingehaltenen Strohhalm greifen würde.

Die »Bilder-Ars«: Sterben lernen damals

Um sich dagegen zu wappnen und die Vorbereitung auf die Sterbestunde möglich zu machen, entstand in der Mitte des 15. Jahrhunderts ein kleines Büchlein, das anschaulich darstellte, wie man die »Kunst des guten Sterbens«, *Ars bene moriendi*, erlernen konnte. Damals waren die meisten Menschen allerdings des Lesens und Schreibens gar nicht mächtig, und so wurde mit eindrucksvollen Bildern gearbeitet – die sogenannte »Bilder-Ars« entstand, eine Reihe mit insgesamt elf Schaubildern. So wurde ein Blockbuch mit nicht mehr als insgesamt 24 Seiten das wichtigste Lehrwerk des guten Sterbens – es lehrte diese Kunst und führte unsere Ahnen in jenen »Zustand des Gemüts«, der die Bereitschaft ermöglicht, zu jeder Zeit, bei bester Gesundheit, auch plötzlich und unvorhergesehen, aufzubrechen und sich auf die Reise ohne Wiederkehr zu begeben.

Aufgeteilt in fünf Bereiche der größten denkbaren Versuchungen zeigte das Büchlein anschaulich, mit welchen arglistigen Anwürfen die abgebildeten Höllenmonster, Teufel und Dämonen an den Sterbenden, den wehrlosen *Moribundus*, herantraten. Direkt daneben wurde jedoch nicht weniger eindrücklich dargestellt, welche Mittel dagegen anzuwenden seien – die himmlischen Mächte traten in Gestalt der heiligen Mutter Gottes, der Apostel und vieler Heiliger auf, sie standen dem Bedrängten bei und sagten, was zu tun sei, wie den teuflischen Versuchungen widerstanden werden konnte. Der Kampf wogt über zehn Schaubilder hin und her, bis schließlich im elften Schaubild, »Ars moriendi«, der siegreiche Sterbende seine Seele in Form einer kleinen Gestalt aushaucht und sie in die rettenden Hände eines wartenden Engels übergibt, der ihr sicheres Geleit in den Himmel gewährt. Das Antlitz des Verstorbenen trägt entspannte und friedliche Züge, die Augen nun geschlossen. Der gekreuzigte Christus überragt die ganze Szene, umgeben von Heiligen, und am Fuß des Bettes wimmern und wüten sechs Teufel, toben und heulen darüber, dass ihnen die schon sicher geglaubte Seele entwischt ist.

Und so gab es zwar keinen Weg, dieses große Finale des Lebens zu vermeiden – doch man konnte sich des Sieges gewiss sein, war man nur entsprechend vorbereitet, hatte man die im Büchlein aufgeführten Mittel und Wege zur Rettung des eigenen Seelenheils zuvor verinnerlicht. Die »Kunst des Sterbens« lehrte das Leben, man konnte sie sich quasi »einverleiben« und dann in Gelassenheit gehen, selbst in den schwersten Stunden, selbst völlig alleingelassen und auf sich gestellt. Denn *es gab nichts mehr zu fürchten.*

Sterben lernen – damals wie heute

Ursprünglich war dieses Blockbuch »Ars moriendi« als Hilfestellung für junge Pfarrer und Ordensleute gedacht, die zu einem Sterbenden gerufen wurden; recht schnell fand man aber heraus, dass es noch sinnvoller war, es den Menschen direkt an die Hand zu geben, damit sie sich bereits lange vor dem drohenden Eintritt des Todes auf ihn vorbereiten konnten.

Die Bezeichnung »Blockbuch« weist darauf hin, dass der Satz, die Abbildungen und Zeichen in einen Holzblock geschnitten waren, den man wie einen Druckstempel nutzte. Mit relativ wenig Mitteln und viel künstlerischem Geschick ließen sich auf diese Weise doch recht schnell relativ viele Ausgaben eines solch kleinen Büchleins herstellen. Freilich ist dies kein Vergleich zum modernen Buchdruck, der hochtechnisiert und digital in kürzester Zeit fast jede beliebige Zahl von qualitativ hochwertigen Büchern herstellen kann. Und genauso wenig lassen sich Glaubensvorstellungen, Wertesysteme und die Kultur der damaligen Zeit mit unserer vergleichen. Für uns Heutige ist das Leben unserer Vorfahren so fremd, dass vieles nicht mehr nachvollziehbar ist, auch viele der Höllenwesen, die die weitgehend unbekannten Künstler in »Ars moriendi« geschaffen haben, wirken grotesk und manche fast lächerlich überzeichnet. Doch es lohnt sich, hinter diese Gedanken zu blicken und eine neue Interpretation zu wagen: Könnte es sein, dass die Höllenfratzen mit ihren Versuchungen nur Sinnbilder der Gedankenwelt unserer Ahnen waren, die sie im Anblick des Todes aufwühlten und umgarnten? Wie sonst als mit solchen Bildern könnte man dies jemandem nahebringen, der nicht lesen konnte? Mit den damals zur Verfügung stehenden Mitteln wäre es uns auch heute nicht möglich, das wesentlich anders zu veranschaulichen. Die Verbitterung, die aus den Bildern spricht, die Reue und die Selbstvorwürfe angesichts eines zu Ende gehenden Lebens, in dem zu wenig Liebe erfahren wurde, das man nicht authentisch gelebt hat, das sich nur um Arbeit und den täglichen Kampf ums Überleben gedreht hat. In dem die Beziehungen zu Freunden und Familie kaum gelebt werden konnten, in dem es sicherlich viel zu wenig glückliche Momente gegeben hatte und es schlichtweg unmöglich war, sich Freude zu gönnen. Und kommt uns das nicht bekannt vor?

Aus dieser gedanklichen Perspektive ist das jahrhundertealte Werk »Ars moriendi« von aufregender Aktualität und hat uns heute noch sehr viel zu sagen. Unsere Vorfahren haben einen Weg des »guten Sterbens« gefunden, zumindest das, was sie in ihrem Verständnis dafür hielten. Können wir davon lernen?

Die Kunst des Sterbens

Schon immer haben Menschen davon gesprochen, dass Sterben eine Kunst sei, und auch in den vorherigen Kapiteln war bereits davon die Rede. Diese Formulierung ist uns heute aber fremd – scheint *Sterben* doch eher ein Zwang zu sein, widerfährt es uns doch fast immer gegen unseren Willen. Und so gehen jeden Tag unzählige Menschen von dieser Welt, ohne sich jemals mit der »Kunst des Sterbens« beschäftigt zu haben. Nur wenige haben sich damit auseinandergesetzt, was »der Tod« ist und was »Sterben« tatsächlich auch jenseits der medizinischen Begrifflichkeit bedeutet. Jede »Kunst« aber besteht nur zum geringsten Teil aus Talent, aus einer Gabe, die uns geschenkt wurde, ohne dass wir etwas dafür getan hätten. Jede Kunst will gelernt und geübt werden – mit ganzer Kraft, festem Willen, möglichst bei guter Gesundheit und lebensfrischem Geist.

Die zuvor beschriebene neongrelle und technisierte Krankenhausatmosphäre, in die wir unseren Tod zunehmend einbetten, lässt den Begriff »Kunst« wie aus einer anderen Welt erscheinen. Wir sind der Medizintechnik ausgeliefert und dies schränkt unsere Handlungs- und Entscheidungsfreiheit weitgehend ein. Kunst setzt aber eine Freiheit des Schaffens voraus, des eigenen Gestaltens. Ohne Kreativität und Können ist Kunst nicht denkbar. Der englische Palliativmediziner und Sterbeforscher Richard Smith hat die aus seiner Sicht zwölf wichtigsten Eckpfeiler eines »guten Todes« benannt:

1. Möglichst genau zu wissen, wann der Tod eintritt.
2. Verstehen, was man zu erwarten hat.
3. Die Kontrolle über das Geschehen zu behalten.
4. Würde und Privatsphäre bis zuletzt zugestanden zu bekommen.
5. Eine gute Behandlung der Schmerzen und anderer Symptome.
6. Die Wahl zu haben, wo man sterben möchte.
7. Immer umfassend informiert zu werden.

8. Emotionale und spirituelle Unterstützung und Begleitung zu erfahren.
9. Palliative Betreuung überall zu erhalten, nicht nur im Krankenhaus.
10. Bestimmen zu können, wer am Ende dabei sein soll.
11. Im Vorhinein zu bestimmen, welche Wünsche respektiert werden sollen.
12. Ausreichend Zeit zu haben für den Abschied und gehen zu können, wenn die Zeit gekommen ist – ohne sinnlose Lebensverlängerung zu erleiden.

Viele dieser Punkte haben mit der persönlichen Entscheidungsfreiheit zu tun, einer Wahlmöglichkeit. Auch die Wahl zu haben, Hilfe abzulehnen. Selbstbestimmt den eigenen Weg gestalten zu können und ihn zu vollenden, wie ein Maler sein Werk, ein Baumeister die Kathedrale, der Komponist die Symphonie. Alle diese Punkte beschreiben jedoch äußere Umstände, die mich auf meinem Sterbeweg begleiten können, wenn er halbwegs gut verläuft. Sie sind sehr wichtig und viel wert für das, was wir heute unter einem »guten Sterben« verstehen. So richtig und wünschenswert sie sind, sie bleiben dennoch an der Oberfläche, denn die »Kunst zu sterben« meint etwas tiefer Liegendes: eine begrüßende Haltung, ja vielleicht sogar liebevolle Einstellung zu meinem eigenen Tod, die sich bereits in der Mitte des Lebens entwickeln kann, nicht erst an seinen Rändern. Eine Haltung, die die *inneren Umstände* meines Sterbeprozesses maßgeblich ausmacht, nicht die äußeren.

Das Werk des Malers wird nicht nur durch eine möglichst ästhetische Zusammenstellung von Farben und Formen zum Kunstwerk. Kein noch so gut ausgebildetes handwerkliches Geschick, keine Maltechnik, nicht eine dem Bild zugrunde liegende Idee und nicht der in Farben zerflossene, sichtbar werdende Moment des Abgebildeten erheben das Werk über ein ästhetisches Bild hinaus zu wirklicher Kunst. Zum Kunst-Werk wird es erst dann, wenn es in uns, den Betrachtern, etwas auslöst, etwas in Bewegung und in Schwingung bringt wie eine angeschlagene Saite, etwas, das eine Er-innerung im Inneren freilegt, die in uns aus dem rätselhaften Dunkel des Vergessenen aufsteigt, ein Gefühl des leisen Wiedererkennens.

Erst wenn die Idee oder das im Außen empfangene Bild des Malers über sein Auge gleichsam durch ihn hindurchfließt und in die Farben seines Herzens, seiner Innenwelt, seines lebendigen Empfindungsvermögens getaucht wird, erst wenn es durch die Räume seines Gedankengebäudes *gewandelt* ist, findet es Eingang in uns, erst dann vermag uns das Werk als Kunst zu berühren. Es hat manches Mal die Macht, unser Leben schlagartig zu verändern. Denn es trägt etwas von diesem lebendigen Empfindungsvermögen in sich, eine geistige Dimension, die in uns klingt, die wir spüren und nachempfinden können. Nur der Kern dieser Empfindung ist das eigentlich Künstlerische, das als *Möglichkeit* im Beiwerk aller Farbtöne dem Auge verborgen bleibt. Wir können es nicht mit dem Verstand erfassen, auch hier greift er ins Leere – wir können dieses *Künstlerische* im Werk nur seelisch begreifen, wie auch die lebendige Botschaft von Symbolen nur erfühlt werden kann, über ihre Farben und Formen hinaus. Jedes wahre Kunstwerk spricht zwei Sprachen: die des Leibes und die der Seele. Was bedeutet all das aber für diese sehr eigene Kunstrichtung: die Kunst zu sterben?

Mitten im Leben beginnt die Kunst des Sterbens

Vereinfacht gesagt, beginnt die »Kunst des Sterbens« mitten im Leben – sie ist die Bereitschaft, zu jeder Zeit, bei bester Gesundheit, auch plötzlich und unvorhergesehen, aufzubrechen und sich auf die Reise ohne Wiederkehr zu begeben. Das ist keine zu erlernende Technik, sondern vielmehr ein *Zustand des Gemüts*, in den uns eine liebevolle Lebensweise führt. Ars moriendi ist daher viel eher noch die *Ars vivendi* – die »Kunst des Lebens«. Aus dem Leben ein Kunstwerk zu schmieden, das klingt nach einem sehr hohen Anspruch, und ich fürchte, dem vielleicht nicht genügen zu können. Zu viele Verheerungen und Verbitterungen haben mich auf meinem Lebensweg ereilt, zu viele Ungerechtigkeiten scheine ich zugefügt und erlitten zu haben, zu oft habe ich versagt und mich dort abgewandt, wo ich beherzt hätte zugreifen müssen. Zu oft habe ich Schuld auf mich genommen, zu viele Worte und Taten kann ich nicht ungeschehen machen.

Freilich gibt es Menschen, die uns mit dem »Kunstwerk ihres Lebens« ein leuchtendes Beispiel geben, ihr Leben in den wunderschönsten Farben malen und mehr bewirken, als wir es jemals für möglich gehalten hätten. Recht besehen, ist der Farbton, mit dem diese Menschen das Kunstwerk auf die Leinwand ihres Lebens malen, immer die lebendige Farbe der Liebe. Sie tun, was sie tun, immer aus Liebe. Egal in welche Kultur wir blicken, egal in welches Zeitalter, diese eine Kraft verbindet uns über alle Schranken, über alle Klüfte, Unterschiedlichkeiten und

Abgründe hinweg. Immer wieder stehen wir staunend vor Lebensläufen, die in ihrer scheinbar unendlichen Liebe Gutes für sich und die Schöpfung bewirken: Menschen, die die Idee ihres Lebens authentisch leben, von ihr gleichsam durchflossen werden und die sie eintauchen in die Farben ihrer Herzen, ihrer inneren Welt, ihres lebendigen Empfindungsvermögens. Dann findet diese Liebe Eingang in uns und vermag uns im tiefsten Inneren zu berühren, denn ihr Lebenswerk erreicht uns wie ein Kunstwerk in der Sprache der Seele. Und manches Mal hat dies die Macht, unser Leben schlagartig zu verändern – einerlei, ob wir hierbei an Franziskus von Assisi denken, an Mutter Teresa oder an die dicke Nachbarin, die sich rührend um ihre gebrechlichen Eltern kümmert und im Flur immer so freundlich grüßt. So ist Ars vivendi letztlich nichts anderes als »Ars amandi« – die Kunst der Liebe, der Liebe in ihren unendlichfaltigen Gestaltungsformen.

Eine »Ars moriendi nova«

Eine »Ars moriendi nova« müsste daher in die Lehrpläne der Schulen Eingang finden, es wäre Aufgabe von Psychotherapeuten, Krankenhäusern und Hospizen, diese innere Haltung der Liebe und Achtsamkeit in ihren Abläufen zu integrieren und die ihnen anvertrauten Menschen dazu anzuregen. Freilich sieht eine »Ars moriendi« für heute völlig anders aus als für unsere Vorfahren im 15. Jahrhundert, deren Leben für uns in schemenhaftem Dunkel liegt. Uns fehlt oft der feste Glaube an ein Weiterleben im Jenseits, der ihnen noch festen Boden unter den Füßen verlieh, sodass sie sicheren Tritts ihre letzten Schritte gehen konnten. Und wenn doch eine Idee von einem Jenseits vorhanden ist, dann ist sie von Mensch zu Mensch grundverschieden. So muss eine »Ars moriendi nova« heute jeden einzelnen Menschen individuell erreichen und sich trotzdem auf das Wesentliche fokussieren. Noch mehr als für unsere Vorfahren, muss sich die »Kunst des Sterbens« bereits mitten im heutigen Leben vollziehen, denn wir glauben nur noch an das Diesseits; dennoch haben wir gesehen, dass unsere Vorfahren im Angesicht des Todes von sehr ähnlichen Gedanken, Ängsten und Gefühlen beschlichen wurden – die Dämonen unserer Zeit aber haben ganz andere Gesichter und ihre Tricks und Winkelzüge beginnen schon viel früher: Es sind die Verführungen in unserem Leben, die uns von den eigentlich bedeutenden Dingen fernhalten. Viel mehr als jemals zuvor ist die heutige »Kunst des Sterbens« die Kunst des Lebens geworden und für ein gutes Sterben müssen wir zu Lebenskünstlern werden. Vielleicht ist die Theologie des heiligen Augustinus auch für uns Heutige der rechte Wegweiser, die er einmal in die kurzen Worte fasste: »Liebe – und tu', was du willst.«

Letzte Worte

Berühmte letzte Worte – wer kennt sie nicht? Seit Jahrtausenden werden sie aufgezeichnet und haben auf die Nachwelt großen Einfluss gehabt. Von Johann Wolfgang Goethe sind sie überliefert als Wunsch nach »Mehr Licht!«. Allerdings wurde zwischenzeitlich recht sicher nachgewiesen, dass der große Dichter und Denker eher bei seinem Kammerdiener nach einem »pot de chambre«, auf gut

Hessisch: dem »Botschanper« verlangte – dem Nachttopf. Hätte Goethe Gelegenheit gehabt, sich seine letzten Worte zurechtzulegen, sie hätten wohl eher dem von seinem Leibarzt kolportierten Licht-Zitat geglichen.

Doch letztlich spielt es keine große Rolle, ob die überlieferten letzten Worte der großen Geister aller Zeiten authentisch sind oder nicht: Sie entsprechen meist der Einstellung und der Haltung des Verstorbenen, bleiben im Gedächtnis und verstärken den Eindruck, den sie auf die Hinterbliebenen machen. Sie geben in so wenigen Worten wie möglich das ganze Leben wieder. Im Angesicht des Todes wird man wahrhaftig. Letzte Worte kann man nicht zurücknehmen.

Was wären deine letzten Worte? Nimm einen Stift und Papier zur Hand und suche einen ruhigen, einsamen Platz, an dem es möglich ist, dem haltlosen Getriebe der Welt eine kleine Zeitlang zu entkommen. Vielleicht ein einsamer Wald, vielleicht ein Flussufer, vielleicht ein Friedhof, ein Ruhewald.

Sei allein. Vielleicht findest du einen guten Baum, der deinem Gemüt und deiner Stimmung entgegenkommt. Berühre ihn. Sprich mit ihm, erzähle ihm von dir und deiner freundlichen Absicht, er wird wortlos verstehen, auch wenn er nicht in deiner Sprache antworten wird. Schließe die Augen und spüre deiner Aufmerksamkeit nach, die nun langsam nach innen fließt. Du nimmst den Geruch wahr, der dich hier und jetzt umfängt; der Atem wird tief und gleichmäßig, geht ein und aus, wird eins mit dem Wind. Wo stehst du in deinem Leben? Bist du, was du sein willst, wo du es willst und wie? Welche Dinge mussten in der Welt geschehen, dass du heute hier in dem Wald, am Flussufer, auf dem Friedhof oder im Ruhewald sitzt? Die Dinge, die dich stets durchfließen wie ein großer Strom sein ruhiges Bett, sie wühlten in dir, höhlten dich aus, sie nahmen dich mit wie leichten Sand, sie formten und schliffen dich … doch so wie dich die Dinge in ihrem Fluss verändern, veränderst auch du die Dinge mit deinem Sein. Ohne dich wären sie anders verlaufen, vielleicht nicht schlechter, vielleicht nicht besser. Du bestimmst, wie dich der Fluss umspült, die Form des Wassers, ob es klar ist oder trüb, seicht und träge oder eine Stromschnelle ohne Wiederkehr.

Was bleibt, ist sanfte Ruhe. Wortbruchstücke werden an das Ufer deines Gedankenflusses gespült, Gedankenfetzen, die aus den Tiefen deines Inneren auftauchen, durcheinander erst; doch langsam fügen sie sich zu einem Satz, ein Satz geschaffen aus den Grundfesten deines Lebens. Deine letzten Worte: sie erzählen dich. Bestimmt gelingt es nicht, beim ersten Mal die Wortbruchstücke in sinnvolle Zusammenhänge zu bringen – doch es ist sehr wichtig, das Erlebte in aller Stille in deinem Herzen zu bewahren und es aufzuschreiben, mit der eigenen Hand zu notieren. Denke in den kommenden Tagen immer mal wieder an dieses Erlebnis, an den Fluss, die Dinge und dich. Bring deine Notizen das nächste Mal wieder mit, an den gleichen Ort, wenn es ein guter war. Mach daraus eine gute Gewohnheit, wenn es geht. Wenn die Worte fertig sind, wirst du es wissen. Lass deine Worte, diese Essenz deines Wesens, zu deinem Credo werden, zur Signatur deines Lebens. Und: Könnten das die ersten Worte in der Welt sein, in die du eines Tages gehen wirst?

DER WARME ATEM
DES KALTEN TODES

Liebe ist leise

Es ist schön, zu diesen Menschen aufblicken zu können, und sie mögen in schweren Zeiten Orientierung und manches Mal auch Halt und Hoffnung geben. Doch als Vergleich taugen sie nicht, denn sie sind nicht erreichbar für uns. Aber einen Vergleich brauchen wir auch nicht! Wir können keine Heiligen werden, warum auch?

Niemand erwartet das von uns und am wenigsten sollten wir selbst es tun. Ein ängstliches, immer um das eigene Heil besorgte Dasein eines kleingeistigen Frommen, der mit hängendem Kopf, verbissen und voller Furcht vor jedem Fehltritt durch das Leben schleicht, ist nicht erstrebenswert. Von der Werkbank des Lebens werden Späne fallen! Doch das Leben will mich lieben, egal was ich auch bin und wie sehr ich mich ihm entgegenstelle.

Das Leben an sich ist unschuldig und wunderschön. Ich bin es, der es manchmal überzeichnet, hässlich und unansehnlich macht mit all den Dingen, die ich tue oder unterlasse. Daher geht es darum, es durchlässiger für Liebe zu machen. Es geht darum, dem Leben und allem Lebenden mit einem bedingungslosen »Ja!« zu begegnen. Das meint auch eine alles durchdringende Selbstbejahung. Das ist nicht mehr und nicht weniger als ein Perspektivwechsel – weg vom lauten Säbelgerassel des Alltags, der mit seinen schlechten Nachrichten lauthals auf uns einschlägt, bis wir taub werden – hin zur Wahrnehmung der Liebe zwischen den Menschen und allem, was atmet in dieser Welt. Es gibt sie zuhauf, diese Liebe, es gibt sie ungleich mehr als das Böse in der Welt, doch wir sehen sie nicht.

Wir erwarten die großen Taten, die die Welt verändern – und lehnen sie mit dieser Haltung bereits ab, denn wir begegnen dieser Welt mit einem harten »Nein!« im Herzen. Außerstande, selbst diese eine große Tat zu vollbringen, auf die wir warten und die die Welt verändern und retten würde, glauben wir in Tatenlosigkeit erstarren zu müssen.

Aber: Da ist das Aufhalten einer Tür für denjenigen, der nach mir kommt. Da ist die gehaltene Hand in der Straßenbahn. Da ist die Mutter, die ihrem Kind die Mütze aufsetzt. Da ist der Blick der Kollegin, der mir verrät, dass es Zeit für eine Pause ist. Da ist der Arm auf den Schultern. Da ist der Anruf am späten Abend, weil jemand an mich denkt. Da ist das Vogelfutter auf dem Balkon. Da ist der Mensch, der einem anderen aus dem Bus hilft. Da ist der Spaziergänger, der an einer Blume riecht. Da ist ein Mensch, der als Letzter die Kerze löscht. Da ist das Kind, das Kröten sammelt. Da ist der Wanderer, der sich nach dem Stück Papier bückt, das einem anderen hinuntergefallen ist. Da ist jemand, der mir achtsam, aber bestimmt sagt, was ich falsch gemacht habe. Da ist der Fußgänger, der die Schnecke vom Straßenrand nimmt, damit sie nicht überrollt wird. Da ist der Mensch, der die öffentliche Toilette so verlässt, wie er sie vorfinden möchte. Da ist der Euro im Hut des Obdachlosen. Da ist das »Dankeschön« für die Kassiererin im Supermarkt. Da ist der Autofahrer, der freundlich nickt, nachdem ich ihm versehentlich die Vorfahrt genommen habe.

Es ist nicht die Rede von »Gefühlsduselei«, nicht von sentimentalem Überschwang; eine Welt voller »Säuselbolde« wäre zum Scheitern verurteilt. Das Bekenntnis zu dieser Haltung der Liebe erfordert großen Mut und kraftvolles Handeln. Ein aufrechtes und liebevolles, empfindsames Wesen hat es in dieser Welt ungleich schwerer als ein rücksichtsloser Egoist mit krummem Rücken. Denn zu lieben heißt auch, die Mühsal und Last, die ich zu tragen habe, so gut anzunehmen, wie ich es vermag. Lieben heißt auch, die Welt, so wie sie ist, anzunehmen; mag sie mir auch in vielen Bereichen zuwider sein. Zu lieben heißt, die schützenden Mauern um mich herum niederzureißen. Und mich zu zeigen, wie ich bin. Lieben heißt zu allervorderst auch, mich selbst anzunehmen, wie ich bin, mit allen Unzulänglichkeiten und Fehlern, in aller vermeintlichen Kleinheit. Wer liebt, hat die Größe, Macht über sich abzugeben. Wer liebt, hat die Stärke, Schwäche zu zeigen. Wer liebt, hat den Mut, seiner Angst zu begegnen. Es ist nicht, *was* wir betrachten, sondern *wie* wir es sehen. Es kommt nicht darauf an, was wir tun, sondern vielmehr – wie wir es tun. Was immer es auch sei: *Tun wir es aus Liebe.*

Schechinah – die strahlende Herrlichkeit in uns

Jeder Spaziergang durch die Stadt, jede Fahrt mit der S-Bahn, jeder Gang über die Straße kann mir hier zur Einübung der Achtsamkeit werden. »Schechinah« bezeichnet in der jüdischen Kabbala die Gegenwart Gottes, des Heiligen Geistes in allen Dingen. In jedem Grashalm, in jedem Wesen, in allem, was atmet, in allem, was lebt, in Dir, in mir. Die *Herrlichkeit Gottes*, die ich in mir verspüre, wenn ich achtsam lausche, sie strahlt auch in meinem Nächsten wie ein Stern. Das Leben will ihn lieben, egal was er auch ist.

»Durch eine Art Anhauch spüren wir deutlich, dass Gott der Seele Leben gibt. Dieser Anhauch ist oft so stark, dass überhaupt nicht daran zu zweifeln ist. Gott weilt im Inneren der Seele. In der allerinnigsten Mitte, ganz unten, in einer Tiefe, die ich nicht beschreiben kann.«

Teresa von Avila (1515–1582)

Wir sind umgeben von einem unendlich großen Meer der Liebe, das uns immerfort umspült wie eine kleine, verlorene Insel. Doch weil die Wellen der Liebe, die sich an unsere Ufer schmiegen, leise sind, fallen sie uns so oft nicht auf, nehmen wir sie im Getöse des hellen Tages kaum wahr. Leise tragen die Wellen die schönsten Dinge an unsere Ufer, Bilder, Worte, Momente, Gedanken, Gesten, schillerndes Strandgut des Lebens. Es wird uns geschenkt, nur *weil wir sind*.

All diese kaum erkennbaren, sogenannten Kleinigkeiten verändern ständig die Welt um uns herum ein Stückchen. Ich kann dazu beitragen, dass sich die Welt wandelt, ohne dafür irgendetwas tun zu müssen: Denn allein das Wahrnehmen dieser Dinge wird *meine* Welt verändern und Liebe wird einfließen in mein Leben, meine Gedanken und meine Gefühle. Nichts wird von mir hierfür erwartet, nur zu sein und es zuzulassen. Liebe ist immer da – ich muss ihr aber mein Herz aufschließen. Dies in mir zu spüren, öffnet mich für die Welt als Ganzes, noch über die Grenzen von Zeit und Raum hinaus. Es ist hierfür niemals zu spät, noch in der letzten Minute kann ich diesen Perspektivwechsel vollziehen. Und die Welt, *von der* ich gehe, erscheint bereits ein wenig in dem Licht der Welt, *in die* ich gehe. Die Liebe ist für die innere Welt das, was die Sonne für die Außenwelt ist, wie es Rudolf Steiner einst ausdrückte. Und weiter: »Es würden keine Seelen mehr gedeihen können, wenn die Liebe weg wäre von der Welt (...) wenn wir Liebe üben, Liebe pflegen, so ergießen sich Entstehungskräfte, Schöpferkräfte in die Welt.« Die gesamte Schöpfungsgeschichte ist ohne Liebe nicht denkbar.

Es ist diese Haltung der Liebe, die uns letztlich dahin bringt, nach einem erfüllten Leben in gelassener Freude gehen zu können. Zuzeiten geschieht dieser Perspektivwechsel wie von selbst, und kurz vor dem Tod taucht ein geheimnisvoller Zeitpunkt auf, zu dem ein Sterbender seinen Frieden findet. Diese stille Herzensruhe ist bisweilen schon Tage vor dem Ende spürbar, vereinzelt geschieht es aber erst in den letzten Augenblicken eines aushauchenden Lebens. Es ist ein Moment wie eine Taufe – ein »Aufleuchten, das im Todesmoment über das Antlitz streicht« und den Abschied mit feierlicher Anmut säumt.

Wahre Liebe kennt kein Bleiben

Liebe kennt kein Anhaften, nur Freiheit. Wie das Leben ist sie in fortwährender Bewegung, sie ist in lebendigem Fluss. Die Schöpfungsgeschichte ist nicht abgeschlossen, sie erzählt sich in jeder Minute weiter und wir sind Teil von ihr, *sie ist unsere Geschichte*, wir schreiben sie fort mit jedem Lidschlag, mit jedem Atemzug – und auch unser letzter ist nur der Anfang eines neuen Kapitels. Alles was unsere Hände in dieser Welt greifen wollen, ist verronnen, bevor wir es zu fassen bekommen. Nichts bleibt, alles geht, sosehr wir es auch in unseren Armen halten möchten. Loslassen bedeutet deswegen auch: Gehenlassen. Wenn ich das nicht verinnerlicht habe, fällt das Gehen so schwer wie das Lassen. Oft wartet ein Sterbender daher den »richtigen Moment« zu gehen ab: dann, wenn ein zurückhaltender Angehöriger, der ihn nur schwer gehen lassen kann, nicht im Raum oder nicht erreichbar ist. Die festhaltende, anhaftende Kraft scheint den Sterbenden daran hindern zu können, den letzten Schritt in Frieden zu tun, und führt manches Mal dazu, dass der Sterbeprozess unnötig und qualvoll in die Länge gezogen wird. Loslassen ist jedoch nichts, was wir uns einfach vornehmen können zu tun, wir können anhaftende Liebe nicht ausziehen wie ein Kleidungsstück. Loslassen ist vielmehr eine Haltungsfrage, die gelernt, entwickelt, eingeübt werden *muss*.

Das Leben ist ein großer Strom, in dem wir uns bewegen, mit dem wir manches Mal ringen, mit dem wir schwimmen, in dem wir atmen, glauben, lachen und weinen. Wir können uns gegen ihn stemmen, wir können gegen die Strömung angehen: Vielleicht gelingt es, sich zuzeiten an einen fest sitzenden Fels zu klammern, nach einem vorübertreibenden Ast zu greifen. Doch am Ende werden wir mit dem großen Strom gehen. Mit allen Dingen dieser Welt wird er uns in seinem Schoß aufnehmen, der große Strom, und in neue Tage tragen, dem Licht entgegen, immerfort. Er wird uns baden in seiner Schönheit, bis alles Hässliche von uns fällt, aller Zweifel zerrinnt, bis wir von seinen Wassern rein gewaschen und geworden sind, was wir immer schon waren. Wir können uns nicht dagegen wehren, am Ende in dem Licht aufzugehen, in dem wir immer leuchteten – auch am dunkelsten unserer Tage.

Freilich bedeutet das nicht, dass mir auch bei dieser inneren Haltung, mit diesem Geist der Liebe ein Sterben ganz ohne Leid sicher wäre – Garantien gibt es keine, nicht im Leben, nicht im Tod. Es gibt keine Sicherheit, dass mir Schmerzen, Atemnot und Angst erspart bleiben. Vielleicht gelingt mir am Ende keine große Abschiedsgeste mehr, vielleicht kommt mir am Ende kein großartiges »letztes Wort« über die Lippen, sondern nur ein kraftloses Stöhnen, ein verzweifeltes Wimmern. Es ist möglich, dass ich dann nur noch ein Tragender bin, meinem Schicksal ausgeliefert, ohne jeden Einfluss auf seinen Verlauf. Es ist möglich, dass ich meinen Schmerz, vielleicht meine Angst und meine Einsamkeit beweinen und beklagen werde. Nichts davon ist verkehrt. Doch die innere Haltung der Liebe ist eine annehmende Einstellung dem ganzen Leben gegenüber – nicht nur seinen letzten Tagen. Und so kann ich vielleicht auch dieses letzte Loslassen anders erleben und besser annehmen. Wenn ich mein »Letztes Wort« in *meinem Herzen eingeschrieben habe*, kann ich lebenssatt in diese Phase meines Seins treten. Nicht des Lebens müde und überdrüssig, ja mehr noch: In diesem Geist kann ich hoffnungsvoll und lebensfroh auf meinen Tod blicken, auf dieses unermessliche, vielleicht letzte Geheimnis meines Lebens.

Sterben üben immerfort

Darüber hinaus erfahren wir jede Nacht ein wenig von dem, was uns im Sterben widerfährt: Nichts anderes geschieht allabendlich, wenn wir zu Bett gehen und einschlafen. Im Schlaf, während wir die Tageserlebnisse nachvollziehen und verarbeiten, können wir oft die Auflösung unseres »Ich-Bewusstseins« erleben, ähnlich wie im Sterbeprozess. Losgelöst von jedem Verstandesdenken kann ich mich in der Tiefe des Schlafs mit der Welt vereint emp-finden. Dort kann ich eins sein mit den Dingen, dort kann ich zu den Wäldern, Auen und Wiesen werden, durch die ich streife, dort kann ich als Fluss strömen, als See die Welt und die Sterne spiegeln, mich als Wolke im Himmel verlieren, in den Pflanzen wachsen, als Blüte duften und gleichzeitig der Schmetterling sein, der von ihrem Nektar trinkt. Scheinbar herausgelöst aus meinem Leib, gelingt es mir mit schlafwandlerischer Sicherheit, mich weit außerhalb seiner eng gefassten Grenzen zu bewegen. Als wäre es nicht im Geringsten befremdlich, vermag ich mich mit Freunden zu unterhalten, die räumlich weit entfernt sind, ich treffe längst verstorbene liebe Menschen, freue mich, sie zu sehen, umarme sie und gehe unbefangen mit ihnen um.

Es ist ein Paradigmenwechsel: Ich stehe außerhalb von Raum und Zeit. Nichts bindet mich in diesen Träumen mehr an diese Welt, ihre Dingen und meinen Besitz. Mit geliebten Menschen kann ich mich innerlich verbunden fühlen, viel tiefer, viel näher, als ich dies im Wachzustand jemals sein könnte. *Ich bin ihnen näher als das Licht der Lampe* (Bô Yin Râ). Jede Nacht verlasse ich jedoch auch dieses Reich des erweiterten Bewusstseins wieder und gehe noch tiefer, hinein in ein sanftes, friedliches Nichts jenseits der tiefen Träume, in dem ich mich verliere wie in einem unendlichen Meer des Seins und der unerschaffenen Dinge. In diesem Nirgendwo *bin ich* und fühle mich sicherer und geborgener als hinter den dicksten Mauern – oder irgendwo sonst in dieser Welt.

»Da sprach der HERR: Mein Geist soll nicht immerdar im Menschen walten, denn auch der Mensch ist Fleisch. Ich will ihm als Lebenszeit geben hundertundzwanzig Jahre.«
1 Mose 6.3

Was wir sind – Die Welt unseres Körpers

Der menschliche Körper grenzt sich, so scheint es, klar von der Umwelt ab – unsere Haut definiert die Außengrenze. Näher betrachtet stimmt das nicht ganz; schon unser Flüssigkeitshaushalt, der Gasaustausch, der Stoffwechsel und viele Wärmeprozesse verschmelzen uns mit unserer Umgebung. In einem unbewussten Bereich sind wir auch über unser Immunsystem in Kommunikation mit der Welt. Wir empfangen Signale von außerhalb, positive und negative, und beantworten diese unwillkürlich in Sekundenbruchteilen. Die Hautgrenze ist durchlässig wie eine Spinnwebe und es herrscht sehr reger Grenzverkehr. Wir sind weit über unsere sichtbaren Körpergrenzen hinaus mit der Welt verbunden. Wenn wir sterben, so vergehen mit uns etwa 30 Billionen Zellen; in Zahlen ausgedrückt liest sich das so: 30.000.000.000.000. In jeder Zelle wiederum stellen Tausende Mitochondrien den Energiehaushalt sicher und in jeder Sekunde laufen Zehntausende chemische Prozesse ab. Im Schnitt ist jede Zelle etwa ein Vierzigtausendstel eines Millimeters klein und jede beherbergt in ihrem Kern Gene, sozusagen verpackt in jeweils 46 Chromosomen. Aneinandergereiht ergäben sie alle zusammen eine Kette von gut 750 Kilometern, vollgepackt mit Informationen und Wissen, das in ihnen aufbewahrt ist – wohlgemerkt: in unseren Zellen, nicht in unserem Gehirn.

Biologen wie Dr. Bruce Lipton machen darauf aufmerksam, dass jede Zelle wie ein kleines Kraftwerk funktioniert, Energie produziert und dadurch ein Magnetfeld erzeugt, durch das sie mit ihrem Umfeld interagiert – innerhalb und außerhalb des Körpers. Es entsteht ein unvorstellbar lebendiges Geflecht aus Energiewellen, aus Kontakten und Kommunikation, aus Geben und Nehmen, aus Berührung und Verbindung. Dies alles gehört zu meinem Körper, ein unbeschreibliches Wunderwerk der Schöpfung, das sich in jeder Sekunde seines Seins in diese Welt einschreibt. Darüber hinaus jedoch erzeugen auch alle anderen Lebewesen Magnetfelder, winzige elektrische Ströme durchzucken Pilzgeflechte, Bäume, Blumen, Getreide und die gesamte Tierwelt. Alles sendet fortwährend Wellen aus und ist in geheimnisvoller Weise verbunden und miteinander in Kontakt. Alles verbindet sich wie ein ewiger Chor zu einem *unermesslichen Schöpfungsgesang*.

Die Unendlichkeit, die sich da vor uns auftut, liegt ganz offensichtlich im Kleinsten genauso wie im Größten. Der

Blick nach innen, in dieses geheimnisvolle Reich, ist mindestens so faszinierend wie der nach außen in den Sternenhimmel. In der Erforschung all dessen stehen wir noch am Anfang und wir merken, dass die Dinge, die wir *nicht* sehen und *nicht* wissen, unendlich viel mehr sind als die, die wir wissen und kartografiert, markiert und gespeichert haben. Selbst unsere eigene Person, unser eigenes Wesen kennen wir nur zu einem geringen Teil, vielleicht sogar nur zum geringsten Teil. Die Weite unserer Unwissenheit wird nur übertroffen von der Fülle der Schöpfung, in der wir leben.

Die Seele – wie ein Bienenvolk

Überraschenderweise werden mit meinem Tod sogar noch mehr Bakterien als körpereigene Zellen freigesetzt, Bakterien, die sich wie kleine Untermieter eingenistet haben: Rund 39 Billionen von ihnen leben in mir. Sie leben hauptsächlich im Darm, kommen aber auch auf der Haut, im Speichel, im Zahnbelag und im Magen häufiger vor als in anderen Regionen des Körpers. Bakterien erfüllen lebenswichtige Dienste für mich, insbesondere natürlich im Stoffwechsel. Tatsächlich bin ich in mir nur eine Minderheit. Darüber lohnt sich nachzudenken.

Täglich sterben Milliarden Körperzellen ab und werden durch neue ersetzt, andere kommen hinzu. Der Großteil aller meiner Zellen befindet sich in meinem Blut, etwa 70 Prozent. Christliche Mystiker aller Zeiten haben den Aufenthaltsort der Seele dort vermutet, auch die jüdische

Tora betont die besondere Bedeutung des Blutes als Sitz der Seele. Vielleicht ist hierin die uralte, bereits in der Antike bekannte Weisheit verwurzelt, die Seele sei wie ein Bienenschwarm: Eine schier unendliche Zahl an Einzelkräften und winzigen Impulsen, die zusammen – als Bienenvolk – ein lebendiges, quirliges System bilden, das beständig in Bewegung ist und kräftig pulsiert, immerfort aufbrandet, um sich wieder zurückzuziehen und von Neuem zu beginnen: ein atmendes Gesamtwerk. Immer wieder kommen neue Kräfte hinzu, immer wieder sterben alte ab. Und wie ein Hinweis auf unsere evolutionäre Herkunft, gleicht die Zusammensetzung des Blutes mit seinen Elementen frappierend der Zusammensetzung reinen Meerwassers – als hätte sich unser Organismus ausreichend davon mitgenommen, als wir das Wasser verließen und uns aufmachten, das Land zu erobern.

»Denn des Leibes Leben ist im Blut, und ich habe es euch auf den Altar gegeben, daß eure Seelen damit versöhnt werden. Denn das Blut ist die Versöhnung, weil das Leben in ihm ist.«

3 Mose 17.11

Aus all dem wird eines klar: Mein Körper ist kein abgeschlossenes Ganzes, keine in eine feste Form gegossene Einheit. Ich bin ein Ökosystem im besten Sinne, ein Vielvölkerstaat; all dies, dieser Leib und das Blut, all dies ist auf Erden mein, steht mir zur Verfügung, ich bin der Verwalter eines Reiches, dessen Grenzen nicht zu fassen sind – und in dem der Stern, der mir leuchtet, niemals untergeht: eine Körperwelt.

Unser Bewusstsein umfasst viel mehr

Wir bewohnen diese unermessliche Körperwelt mit unserem Bewusstsein, auch wenn wir uns dessen in weiten Teilen gar nicht so bewusst sind. Dass der Sitz des Bewusstseins im Gehirn sei, weiter nichts als ein Funktionsergebnis, war bislang eine Binsenweisheit. Neuere Forschung zeigt aber auf, dass unser Bewusstsein viel weiter definiert werden und auch weit über die sichtbaren Grenzen unseres Körpers hinausreichen kann, denn wir bewohnen unseren Körper als ganzheitliche Wesen. Nach Dr. med. Hans-Jürgen Scheurle, einem führenden Sinnesphänomenologen, lebt das wahrnehmende Ich nicht nur im Leib, »(...) sondern auch im umgebenden Raum, in den Dingen«.

Wie wir gesehen haben, überschreiten unsere Lebensprozesse ständig unsere Körpergrenzen, die ja doch nur Illusion sind. Unser Bewusstsein sei daher nicht nur in uns vorhanden, sondern auch in den Dingen, die uns umgeben. Die Räume, in denen wir uns aufhalten, wirken auf uns zurück, sie machen uns aus (vgl. auch S. 111). Mein »Ich« west nicht nur irgendwo in meinem Kopf – es lebt in dem gesamten, umfassenden Reich meiner Körperwelt. Wenn ich mit den Fingern über die schroffe Borke eines Baumes fahre, so spüre ich die rissige Oberfläche an den Fingerspitzen – und es ist nicht nur eine Vorspiegelung des Gehirns, die mich das glauben macht. Der Baum ist tatsächlich da, meine Finger berühren ihn tatsächlich, er existiert unabhängig von mir – aber einverwoben in meine Körperwelt. Während all dies passiert, atme ich seine Terpene und Botenstoffe ein, die er beständig in der Welt verströmt, ich vernetze mich mit ihm; denn sie werden von meinem Immunsystem erkannt, es geht in Kommunikation und reagiert darauf – umgehend. Daneben berühren sich unsere Magnetfelder und verwirbeln ineinander. Jeder einzelne meiner Herzschläge beginnt mit einem elektrischen Impuls, der noch in fünf Metern Entfernung messbar ist und der wiederum mit den energetischen Feldern korreliert, in denen ich mich bewege.

Mag sein *Wesen* auch außerhalb des meinen bleiben, sein Eindruck ist nun untrennbar verknüpft mit meinem Dasein. Er fließt ein in mein Bewusstsein, ich nehme *ihn* wahr und ich nehme auch *durch ihn* wahr, denn ich habe ihn in gewisser Weise integriert in mich. Nach dieser Lesart »übersetzt« das Gehirn diese Reize in eine Form, die mein Verstand erfassen kann. Es öffnet die Tore zu den Sinnespfaden, die ich zur Verfügung habe und die mir Orientierung und Halt geben in dieser unüberschaubaren Unendlichkeit. Das Gehirn »macht« diese Reize nicht ursprünglich, es stellt sie nicht her. Es erschafft keine Welt, die nicht real vorhanden wäre, sondern bildet sie nur ab, je nach seinen Fähigkeiten. Es hängt den Dingen Worte, Bilder und Gerüche um, die sie beschreiben und deuten. Insofern ist das Gehirn ein Organ wie Niere, Leber oder Milz, von zentraler Bedeutung, aber eben *nur* ein Organ.

Der mich umgebende Raum fließt gleichsam in die aufnehmende Schale meines Bewusstseins und wird zugleich zu seinem Inhalt. Der warme Sand, den ich am Meeresstrand unter meinen Füßen spüre, das sanfte Rauschen des Wellengangs, die Sonne auf meiner Haut, der salzige Geruch des Windes, all dies wird in diesem Sinn ein Teil von mir, es fließt in mein Bewusstsein und wird so zu seinem Inhalt. Ich atme tief und entspannt die salzige Luft. Ich *bin* diese Dinge – so real wie in den Tiefen meiner Träume. Befinde ich mich viele Stunden meines Lebens in freier Natur, beispielsweise im Wald, so entwickle ich ein anderes Bewusstsein, eine andere Wahrnehmungsfähigkeit, als wenn ich, wie so viele von uns, mein Berufsleben in einem grauen Großraumbüro verbringe, meine Abende vor dem Fernseher und das Smartphone meinen sonstigen Tagesablauf bestimmt. Nun wird noch klarer, weswegen es so wichtig ist, dass ich mich mit liebevollen Dingen umgebe, auf sie achte, sie wahrnehme und die Liebe niemals aus dem Blick verliere: Sie fließt in mein Bewusstsein und wird so zu seinem Inhalt. Auch die Kraft der Sprache der Symbole entwickelt eine eigene Dynamik, wenn ich sie als Teil meines eigenen Bewusstseins erkenne, das letztlich in der gleichen Ewigkeit wurzelt. Im Kaleidoskop der einen Wirklichkeit spiegeln sich unendlich viele Wahrheiten: auch meine. Der Dreiklang zwischen Körper, Seele und Geist wird so zu einem harmonischen Ton, und alles entspricht einander – und meiner Bestimmung.

Das Tor ist weit offen – und der Weg ist frei

Die Größe unseres Erdendaseins mit all den genannten Einflüssen soll uns nicht verunsichern und darf auch nicht zu hochmütigem Stolz führen. Freilich betrachten wir den

Leib und unser Blut, unseren Intellekt, den Geist und unsere Talente als Eigenbesitz. Wir erleben und empfinden uns in dieser Körperwelt, obgleich sie uns selbst weitgehend unbekannt ist, und erliegen der Illusion, dass sie alles sei, was wir haben. Deshalb ist es so schwer, unseren Leib im Sterben aufzugeben, wir wollen nicht lassen, was wir als unseren einzigen, ureigensten Besitz empfinden und was überhaupt erst unser Selbstbewusstsein ermöglicht hat: unseren Körper. Eine Welt. Diese Körperwelt ist im Prozess des Sterbens längst kleiner geworden – vieles, was ich hinzugewonnen hatte, habe ich wieder in andere Hände gelegt, ist lange schon zerronnen in den Wirren dieser Welt, wie ausgeblutet liege ich da. Doch manchen Lichtsplitter konnte ich meinem Stern schenken, der mir heute heller leuchtet als je zuvor. Und meine inneren Augen beginnen nun zu sehen.

Wenn ich heute an diesem Tor ankomme, hinter dem es keine Rückkehr mehr gibt in diese Welt, werde ich ablegen müssen, was ich in meinem vergangenen Leben angenommen und mir an-geeignet habe. Das beschränkt sich freilich nicht auf mein Hab und Gut, das ich nicht mitnehmen kann: Ich habe auch meinen Körper nur geliehen. Wie aller »Sonnenstaub« gehört er der Erde an, die ihn nun zurückfordert, Haar für Haar, Zelle für Zelle, Atom für Atom. Er ist das Fuhrwerk, in dem ich den Weg zwischen den Toren von Geburt und Tod zurückgelegt habe, ob dieser Weg nun steil und holprig war oder sanft und behütet. Er war mir über lange Strecken ein treuer Gefährte, war zuzeiten aber auch ein schmerzender Unruheherd, ein unzuverlässiger Geselle, vielleicht ein gebrechlicher Greis, krumm und von Albträumen geplagt.

»Der Tod nimmt Dir alles, was Du nicht bist.«
ECKHART TOLLE (*1948)

Du bist nicht deine Krankheit und du bist nicht dein Alter. Du bist nicht dein Kummer und du bist nicht dein Schmerz. Du bist nicht deine Trauer und du bist nicht deine Tränen. Du bist nicht deine Verzweiflung und Du bist nicht deine Vergehen. Wer immer du auch bist: *Du bist dein Stern.* In Millionen Jahren ist niemand mit dem Vorhaben in diese Welt getreten, *kein* guter Mensch zu sein. Wir alle kamen mit einem unbefleckten, hellen »Ich«, groß und in allerbester Absicht, rein und klar und voller Liebe. Der innige Blick aus den Augen eines Neugeborenen erzählt davon. Der rätselschwere Blick aus den Augen eines Sterbenden auch: Wir gehen, wie wir kamen. Nun bin ich hier, an diesem Tor. In tiefer Dankbarkeit kann ich ihn nun lassen, meinen Körper. Er hat sein Werk getan. Es liegt an mir, ob ich dies als letzte Station meines Lebens betrachte, als Kristallisationspunkt, in dem mein Sein für immer erlischt – oder ob da Hoffnung leuchtet, Hoffnung, dass dieses Tor weit offen steht und in einen neuen, lichtvollen Weg führt.

*»Der Tod ist ein verborgener Mysterienführer,
er vollzieht eine Inspiration, Erleuchtung und
Einweihung an uns, er vernichtet eine Welt nur, um eine
andere zu eröffnen und beide ineinander fruchtbar
zu machen. So ist er das segensvollste und
größte Geschenk unseres Erdendaseins.«*
OTTO JULIUS HARTMANN (1895–1989)

Gib Dir das Ja!-Wort

Jemandem das »Jawort geben« steht dafür, zu einem Partner »Ja!« zu sagen, ihn anzunehmen mit all seinen oder ihren Fehlern, Unzulänglichkeiten und Schwächen. Auch die Heilige Schrift beginnt im Ersten Buch Mose mit dem Ja! Gottes zu allem, was ist. »Ja!« zur Schöpfung und ihren Geschöpfen – denn Er sah, dass es gut war. Er meint auch dich.

Begib dich in einen ruhigen Raum und stelle sicher, für einige Zeit ungestört und in aller Stille für dich sein zu können. Sei sicher, dass du genügend Zeit für dich alleine hast und nimm Stift und Papier mit, damit du deine Gedanken und Eindrücke festhalten kannst. Es ist gut, wenn du diese Meditation regelmäßig einüben magst.

Nun wirst du Ja! zur Welt und Ja! zu dir selbst sagen und mit diesem Grundton der Welt, der immer war, mehr und mehr in Einklang kommen. Mit allen Fehlern, Unzulänglichkeiten und Schwächen, die es vielleicht geben mag – in der Welt und in dir. Versuche zunächst, einfach da zu sein – so wie du jetzt da sein kannst. Stelle dich aufrecht hin. Spüre deinen eigenen Leib. Nimm wahr, was dich innerlich bewegt. Lass den Atem frei fließen, er durchspült sanft deinen ganzen Körper. Ruhig kommt er, ruhig geht er. Für alles, was nun kommt, gilt: spüre dich. Werde dir bewusst, was du in dir wahrnimmst und lege alles andere für diese Zeit zur Seite. Lies zuerst und gehe dann ins Bild: Du stehst an einem weiten lichten Strand und spürst eine angenehme Wärme, die dich einhüllt wie in seidenes Tuch. Du betrachtest die Wellen, die sanft an das Ufer rollen, sich rauschend überschlagen, bevor sie deine Füße umgarnen und zischend zurück in das Meer gezogen werden, in dem sie zu Hause sind. Du lauschst diesem Klang, wieder und wieder. Es rauscht sacht auf dich zu und verlässt dich mit leisem Zischen. Es rauscht sacht auf dich zu und verlässt dich wieder mit leisem Zischen; wieder und wieder. Du schließt nun die Augen und webst deine Gedanken sacht hinein in diesen Ton, lässt ihn in dich einfließen. Du hörst das *Ja! der Welt* in den Wellen auf dich zu rauschen, es umgarnt dich, umarmt dich und geht ein in dich – mit jedem *Einatmen* geht es ein in dich und erfüllt dich, füllt dich völlig aus, dieses reine, sonnige Ja. Du spürst lichte Freude in dir, nimmst es in dir wahr wie die glasklare, weiß glitzernde Gischt der Wellen zu deinen Füßen.

Im Rauschen jeder Welle hörst du das *Ja! der Welt zu dir* klarer und deutlicher. Bald erlebst du dieses Ja! in Hülle und Fülle in dir selbst. Wenn nun Tränen fließen, so lass ihnen freien Lauf. Sie sind deine Antwort, sie sind dein Ja! zur Welt, die dich lieben will. Nun wird jedes Zischen der in das ewige Meer zurückgehenden Wellen zu deinem hellen Ja! zu diesem Universum. Jedes *Ausatmen* wird zu einem unbedingten *Ja! zu dieser Welt*. Im Einatmen spürst du das bedingungslose *Ja zu dir*, dein Ausatmen ist ein bedingungsloses *Ja zum Sein*. Ein Nehmen und Geben.

Du spürst, wie sich die Enge Deines Brustkorbs nun weitet und eine neue, ungekannte Größe einzieht in dich, in der ein Raum der Freiheit entsteht. So wie die zurückkehrenden Wellen wieder in das Ganze des Ozeans sickern und dort mit den neu ankommenden Wellen verwirbeln, aufgenommen und wieder eins mit ihnen werden, so wird dein Ja! zur Welt wieder eins mit ihrem hellen Grundton, der immer war, in dem alles fließt.

FAST TOT:
NAHTOD-ERFAHRUNGEN

Ein Erlebnisbericht

Andrea Pfeifer, die in der Schweiz unter dem Namen Alva Lün als Sängerin und Songwriterin bekannt ist, ist eine der zahllosen Menschen, die gemacht haben, was man heute landläufig unter dem Begriff *Nahtod-Erfahrung* versteht. Während eines Urlaubes verstarb sie fast an einer Lebensmittelvergiftung, vielleicht einer Form von Botulismus, einer oft tödlich verlaufenden »Intoxikation«. Sie bezeichnet sich als spirituellen Menschen, doch explizit nicht als Christin, und beschreibt ihr Erlebnis, als sie mitten in der Nacht von starken Schmerzen geplagt aufwachte:

»Ich habe gemerkt, dass irgendetwas überhaupt nicht mehr stimmt. Ich hatte unglaubliche Schmerzen, es kam nur noch Blut und es ging mir richtig schlecht. Es war, als wäre innerlich etwas zerbrochen und zum Stillstand gekommen – als würden sich Zahnräder ineinander verhaken und blockieren. Langsam wurde mir klar, dass jetzt etwas passieren würde, was eigentlich nicht passieren dürfte. Und ich war schwach – so schwach, dass ich mich nicht mehr bemerkbar machen konnte. Plötzlich habe ich im Augenwinkel eine Bewegung wahrgenommen – jemand saß an meinem Bett. Es war ein Wesen mit menschlichen Zügen, ein junger Mann. Das Gesicht war wie mit Licht erfüllt, er hatte unglaubliche, dunkelbraune und ganz gütige Augen. Für mich war da etwas wie ein Erkennen, ich habe ihn erkannt – es war wie ein: »Ah – du!« Es war ein Glück, ihn wiederzusehen. Während dies geschah, verlor ich das Empfinden für meinen Körper, der Schmerz versiegte und das Bewusstsein dafür war wie ausgeschaltet.

Und dann haben wir angefangen, miteinander zu kommunizieren. Aber es war keine verbale Unterhaltung, es war auch nicht telepathisch – es war mehr ein emotionaler Austausch auf einer Gefühlsebene, der da stattgefunden hat. Und ich begriff: Dieser Freund, dieses Wesen begleitet mich jetzt auf die andere Seite, begleitet mich in den Tod.

Vor mir haben sich dann plötzlich alle meine Beziehungen aufgefächert wie ein Kartenspiel – ich bin jede einzelne durchgegangen und habe Frieden geschlossen. Es war, als würde ich jede einzelne Beziehung in ihrem Wesen erkennen, als fühlte ich in einem Punkt, was sie mir und allen anderen jemals bedeutet hat, was sie bewirkt und verursacht hat. Es waren manchmal Sandkastenfreunde, auch ganz kurze Begegnungen, Begegnungen, die ich längst vergessen hatte, aber die anscheinend für mich von großer Bedeutung waren. Da war natürlich meine Familie dabei, Freunde. Es war wie eine innere Arbeit oder eine innere Bewegung, in Frieden zu kommen mit jedem einzelnen Menschen.

Und als das abgeschlossen war, habe ich diesen inneren Frieden in mir gespürt, wie eine Versöhnung – es war sehr schön. Und dann hat es mich plötzlich rausgezogen, in rasender Geschwindigkeit; ich bin wie im Weltall geschwebt und dieser Freund schwebte neben mir. Ich habe auf mein Leben hinuntergeblickt und es hat ausgesehen wie eine Weltkugel. Was ich sah, war mein gesamtes bis dahin gelebtes Leben in einem Moment. Nicht chronologisch von Geburt bis zu diesem Zeitpunkt – alles auf einmal. Und ich habe mir dies in dem Wissen angeschaut, dass ich dieses wunderschöne Leben jetzt zurücklassen werde, ich habe gespürt, wie sich das anfühlt. Doch wie Luftblasen stieg in mir nun langsam eine unglaubliche Traurigkeit auf. Ein unglaubliches Bedauern darüber, dass ich der Welt nichts hinterlasse, dass ich nie meine Begabung mit der Welt geteilt habe. Ich habe schon damals viel Musik gemacht, aber sie immer unter Verschluss gehalten, weil ich mir einfach nichts zugetraut habe und viel zu schüchtern war. Ich dachte, ich sei viel zu wenig gut. Und dieses Gefühl, dass ich nicht großzügig gewesen bin mit meiner Begabung, dass ich mich nicht verschenkt habe, war so schlimm, die Traurigkeit wurde so überwältigend, dass es mich zurückgezogen hat in diesen Körper – und ich lag wieder in diesem Bett, mein vertrauter Freund wieder neben mir.

Ich wollte auf keinen Fall loslassen! Es begann ein Ringen, ein Verhandeln, ich habe versucht, ihn auszutricksen, ich habe gekämpft, gedroht, gebettelt und alle Register gezogen, um noch ein bisschen Zeit auf dieser Erde zu bekommen. Damit ich diese Aufgabe, die ich erkannt habe, noch erfüllen kann. Und er hat mich einfach angeschaut mit so einer tiefen Liebe in den Augen – und alles an ihm signalisierte mir: Ich verstehe dich, ich liebe dich, aber du musst jetzt loslassen. Es wurde immer klarer, dass ich nun gehen müsse – der Entschluss war unverrückbar. Diese Liebe, die er ausstrahlte, und sein tiefes Mitgefühl hat mir dabei geholfen, irgendwann zu sagen: Okay, dann ist es so weit. Und in dieser Akzeptanz, in diesem Loslassen habe ich plötzlich in meinem Körper einen zweiten Körper wahrgenommen. Ich habe jede einzelne Zelle gespürt, jede einzelne Zelle war mit Licht und Leichtigkeit gefüllt. Und dieser leichte Lichtkörper hat sich von meinem irdischen Körper gelöst, ist nach oben geschwebt und ist dann ... wie in einer Rückwärtsbewegung ... explodiert in einem Gefühl der Ekstase, ein Ausbruch unbändiger Freude ... und plötzlich schwebte ich in einem unendlichen Meer aus Licht. Aus Licht, Glückseligkeit, endloser Freiheit und Bewusstheit, es war wie ein alles überspannendes Bewusstsein, es gab keine Fragen mehr, keine Antworten. Es war einfach ... genau richtig, so wie es war. Und ich war einerseits dieses gesamte, allumfassende, grenzenlose Meer, aber andererseits war da irgendwo in mir noch etwas wie ein kleiner Funke. Ich hatte irgendwo noch ein bisschen »Ich-Bewusstsein«. Ich war beides gleichzeitig – »ICH« und Alles. Es war unglaublich. Es gibt keine Worte dafür. Zu Hause. Ja, ich war zu Hause. Und doch gab es irgendwann eine Wellenbewegung, durch dieses Meer hindurch, die mich erfasste und mit sich nahm, und plötzlich war ich wieder zurück. Ich habe die Augen aufgeschlagen, ich war wieder in diesem kranken, schmerzenden Körper. Und ich wusste: Ich überlebe. (...)

Dieses Gefühl der grenzenlosen Glückseligkeit in diesem Lichtmeer der Liebe und Leichtigkeit begleitet mich seitdem. Ich habe keine Angst mehr vor dem Tod, weil ich heute weiß, was danach kommt. Da gibt es nichts zu fürchten, ich freue mich darauf, wenn ich wieder zurückkehren darf. Heute bin ich mir meiner Sterblichkeit bewusst. Und ich möchte dieses Ringen, diesen Kampf, wieder zurückzuwollen, weil es da noch so viele Dinge zu tun gibt, nicht noch einmal durchstehen müssen: Wenn ich wieder auf dem Sterbebett liege, dann möchte ich sagen: »Ja! Das war gut! Ich habe alles gegeben, ich habe mich komplett verschenkt, und jetzt kann ich gehen. Jetzt kann es losgehen!« Ein halbes Jahr später habe ich meine erste CD herausgegeben. Heute versuche ich, in meiner Musik möglichst pur und ganz authentisch zu sein. Dass ich mich einfach so, mit meinem ganzen Wesen der Welt schenken kann.«

»Ich glaube, dass,
wenn der Tod unsere Augen schließt,
wir in einem Lichte stehen,
von welchem unser Sonnenlicht
nur der Schatten ist.«
ARTHUR SCHOPENHAUER (1788–1860)

Weltweit ähnliche Erfahrungen

Die Erlebnisse, die Menschen schildern, die eine Nahtod-Erfahrung durchliefen, ähneln sich in vielen Einzelheiten geradezu frappierend. Für fast alle ist es eine unvergesslich schöne und unvergleichliche Erfahrung voller Licht, Leichtigkeit und Liebe. Nur etwa vier Prozent der Berichte erzählen von furchterregenden Erlebnissen, schattenhaften Wesen, von Dämonen und Angstgefühlen. Noch weniger Menschen meinen, sie hätten während ihres klinischen Todes nichts wahrgenommen oder gespürt: Da sei nichts gewesen, außer einer großen Dunkelheit. Oftmals wird dagegen ein Sog durch einen Tunnel beschrieben, an dessen Ende ein helles Licht scheint; die Beschreibungen von Licht, Leichtigkeit und grenzenloser Liebe, die das ganze Wesen durchlodert, wiederholen sich – in allen Kulturen, zu allen Zeiten und von Menschen in allen Lebensaltern gleichen sich die Berichte bei allen Unterschieden in ihren Grundstrukturen beinahe wie Blaupausen.

Der materielle, meistens bereits leblose Körper wird verlassen, wird von außen betrachtet und erkannt. Die Geschehnisse um den Körper herum, etwa am Unfallort, werden beobachtet. Schnell verlassen die Menschen jedoch diese Örtlichkeiten. Das eigene Selbst, nun *außerhalb des materiellen* Körpers, wird häufig als flammendes Lichtwesen wahrgenommen, frei von allen Schmerzen und umgeben von einem lichtvollen Meer aus reiner Liebe. Eine enge Verbundenheit, ein Gefühl des »verschmelzenden Einsseins« mit der Welt durchflutet alles und fast immer werden andere Wesenheiten erkannt, Lichtgestalten, die als Schutzengel, Gefährte oder guter Freund beschrieben werden, mit denen man in einen engen, sehr vertrauensvollen Kontakt kommt. Liebe Verstorbene sind da, oftmals die Mutter, und geben Geborgenheit und Sicherheit. Fast immer kommt es zu einer Art »Lebensrückblick«, in dem das Leben nochmals in umgekehrter Reihenfolge durchgespielt wird.

Die Auswirkungen der eigenen Handlungen werden dabei nicht nur in der eigenen Gefühlswelt nochmals empfunden, sondern auch das, was sie in den Mitmenschen ausgelöst haben, wird gespiegelt und zu ureigener Erfahrung. Begangene Ungerechtigkeiten und zugefügtes Leid werden selbst erlitten und erschüttern das eigene Sein – zugedachte und geflossene Liebe dagegen durchspült das eigene Wesen bis in die tiefsten Gründe.

Schwerelos, schwebend und zärtlich umfangen von diesem Gewebe aus Liebe, Licht und Leichtigkeit fühlt man sich wie zu Hause *angekommen* und mit dem ganzen Wesen *angenommen*. Selten ist es so, dass die Menschen freiwillig wieder in ihren materiellen Körper, in die diesseitige Welt zurückkehren wollen, wie es Andrea Pfeifer in ihrem Erlebnisbericht schildert. Den meisten Zurückgekehrten wurde von den Lichtgestalten erklärt, sie müssten wieder zurück, es sei noch nicht an der Zeit, da noch Aufgaben zu erledigen seien und dass das Diesseits sie noch brauche. Immer kehren die Menschen in einem ganz anderen Selbstverständnis zurück – der eigenen Sterblichkeit bewusst, doch ohne Angst vor dem Tod und mit einem ganz anderen Wertesystem. Was vordem wichtig war, wird, wie von oben betrachtet, »(...) plötzlich nichtig und klein« (Reinhard Mey). Die Herzen überfließend vor Dankbarkeit richtet sich das Leben der Zurückgekehrten nunmehr nachhaltig darauf aus, es anderen zu schenken, zu lieben und zu geben, die innere Einstellung ist gewandelt. Typisch ist der Wechsel des Berufs und der Versuch, möglichst vielen Menschen von den gemachten Erfahrungen zu berichten.

»Es wird gesät in Unehre, und wird auferstehen in
Herrlichkeit. Es wird gesät in Schwachheit,
und wird auferstehen in Kraft.
Es wird gesät ein natürlicher Leib,
und wird auferstehen ein geistlicher Leib.
Ist ein natürlicher Leib, so ist auch ein geistlicher Leib.«
I Kor 15

Beweise?

Es mag sein, dass nicht alle Nahtod-Erlebnisse als solche zu werten sind und nicht von Menschen gemacht wurden, die klinisch tot waren. Fraglos ist es so, dass in lebensbedrohlichen Ausnahmesituationen oftmals Reisen durch die Weiten unseres unbekannten Ich-Bewusstseins erlebt werden, die es dann aufgrund der Unerklärbarkeit so erscheinen lassen, als sei eine Reise in den Tod angetreten worden oder als habe die Seele den Körper verlassen.

Die Naturwissenschaften gehen heute offiziell noch immer davon aus, dass Nahtod-Erlebnisse nichts weiter sind als Illusion, vom Gehirn erzeugte Bilder und Fiktionen, ein in den Genen des Menschen eingeschriebenes Programm, um das Sterben zu erleichtern. Tatsächlich wurde in Experimenten nachgewiesen, dass Sauerstoffmangel im Gehirn zu dem Eindruck führt, man bewege sich durch einen Tunnel, an dessen Ende ein helles Licht aufscheint. Ethnopharmakologen kennen Drogen wie DTM, die nicht weniger bewusstseinserweiternde Wirkungen haben als LSD – und beim Sterbeprozess im Gehirn in großen Mengen ausgeschüttet werden sollen; man weiß, welches biochemische Feuerwerk während des Sterbens im Gehirn gezündet wird. Letztlich könne alles dies auch in Träumen erlebt werden.

Doch, wie der Schweizer Arzt Dr. Reto Eberhard Rast betont, beendet das Gehirn zum Beispiel bei einem Herzstillstand seine normale Tätigkeit innerhalb von etwa zehn Sekunden, es ist, als würde ihm der Stecker gezogen – es versucht, so viel Energie wie möglich zu sparen. Physiologisch betrachtet ist es in diesem Zustand gar nicht möglich zu träumen, da die erforderlichen Gehirnregionen nicht arbeiten. Und doch sind es auffallend oft gerade Patienten mit Herzstillstand, die von Nahtod-Erlebnissen berichten.

Der britische Kardiologe Dr. Sam Parnia stieß auf wiederkehrende Nahtodberichte von beinahe verstorbenen und wiederbelebten Herzpatienten, die schilderten, wie sie ihren Körper verlassen hatten und die Geschehnisse in ihrem Krankenzimmer wahrnehmen konnten. Daraufhin entwickelte er mit seinen Mitarbeitern für die Stony Brook University in New York ein interessantes Experiment: In knapp 1000 Krankenzimmern und OP-Sälen in 15 Krankenhäusern in den USA, Großbritannien und Österreich wurden auf hohe Standregale Fotos gelegt, mit dem Motiv zur Decke zeigend, sodass sie von unten nicht zu sehen waren, jedenfalls nicht, ohne auf eine Leiter zu steigen. Patienten, die ihren Körper verlassen und sich von oben selbst betrachten würden, müssten aber diese Fotos und die abgelichteten Motive erkennen können.

Über vier Jahre lief die Studie (»Aware«-Studie – AWAreness during REsuscitation; Bewusstsein während der Wiederbelebung) und zeitigte dennoch keine wirklich schlüssigen Ergebnisse – denn es stellte sich heraus, dass es auch unter diesen Umständen sehr schwer war, an ausreichend Daten zu kommen. Von 2060 Patienten mit Herzstillstand überlebten nicht mehr als 330, wovon aufgrund der gesundheitlichen Umstände aber nur etwa 100 gründlich befragt werden konnten. Von diesen Patienten konnten sich wiederum lediglich neun an ihren Todeszustand schemenhaft erinnern und nur zwei berichteten von außersinnlichen Wahrnehmungen außerhalb ihres Körpers. Von diesen beiden wurde einer zu krank für weitere Dokumentationen.

Der letzte verbliebene Teilnehmer der umfassenden Studie hatte jedoch eine sehr interessante Geschichte zu erzählen: Er schilderte, wie er nach seinem Herzstillstand seinen Körper verlassen hatte und über seinem Körper schwebte. Er beschrieb detailliert die hektischen Bemühungen der Pfleger, der Schwestern und Ärzte, ihn wiederzubeleben. Er konnte beschreiben, wer sich wo aufhielt und wer im Raum war, und zwar bis zu drei Minuten nach seinem Herzstillstand, also relativ lange, nachdem schon keinerlei entsprechende Hirnaktivität mehr stattfinden konnte. Dies konnte man zweifelsfrei nachweisen, da der 57-jährige Patient den exakten Zeitpunkt nennen konnte, zu dem einer der an ihn angeschlossenen Apparate zweimal laut und vernehmlich fiepte – was dieses Instrument genau alle drei Minuten tat. Wie das Leben so spielt, passierte all dies allerdings in einem der wenigen Zimmer, in dem keines der Fotos ausgelegt war. Letztlich gelang also der ultimative Beweis auch hier nicht.

Sieben Tage im Koma – sieben Tage im Jenseits

Der amerikanische Neurochirurg Dr. Eben Alexander lag über sieben Tage im Koma und hatte intensive Erlebnisse, die er in seinem erstmals 2008 erschienen Buch »Blick in die Ewigkeit« veröffentlichte. Aufgrund seines Standes als Naturwissenschaftler stießen seine Berichte auf sehr großes Interesse, denn er führte den Nachweis, dass seine Nahtod-Erlebnisse nicht durch Gehirnaktivitäten hervorgerufen worden waren. Sein Gehirn war durch eine seltene bakterielle Hirnhautentzündung nachweislich über die ganze Zeit hinweg außer Kraft gesetzt, es war während dieser Zeit zu solchen Leistungen gar nicht in der Lage. Es war wie abgeschaltet, die »Nulllinie« seines Gehirns wurde durch medizinische Geräte aufgezeichnet.

Dr. Eben Alexander erlebte in diesen Tagen seines klinischen Todes nicht weniger als die Begegnung mit dem schöpferischen Leben. Seine Schilderungen lassen keinen anderen Schluss zu, als dass es sich um tatsächliche, reelle Erlebnisse seines *außerkörperlichen Selbst* gehandelt haben muss, denn sein Gehirn war nicht funktionsfähig. Das für jegliches Bewusstsein zuständige Hirnareal war komplett deaktiviert. Für den Professor der renommierten Harvard University ist nur eine Lösung möglich: Das Bewusstsein kann auch unabhängig von Körper und funktionierendem Gehirn existieren.

Er erzählt von verschiedenen Stationen, die er auf seiner Wanderschaft durch diese andere Welt kennengelernt hat. Nicht alle sind schön: Die erste Station beschreibt Dr. Alexander als ein unüberschaubares »Meer aus Wurzeln, die aussahen wie Blutgefäße in einem gewaltigen, schlammigen Mutterleib«. Doch Sprache, logisches Denkvermögen und Gefühle seien zum Zeitpunkt dieser Erlebnisse ausgeschaltet gewesen. Bald schon sah er jedoch einen Tunnel aus Licht, der ihn in sich aufnahm und zu üppigen, grünen Landschaften führte. Er traf auf fröhliche, singende und tanzende Menschen. Angekommen im Zentrum beschreibt Dr. Alexander seine Begegnung mit Gott, den er als »tiefschwarze Dunkelheit (...)« wahrnahm, die zugleich »(...) übervoll mit Licht war«. Das Herzstück dieser anderen Welt sei vollkommene Liebe gewesen.

Die Krankengeschichte des Dr. Eben Alexander ist naturwissenschaftlich nicht zu erklären. Vielleicht ist es unserem körperzentrierten Ich-Bewusstsein gar nicht möglich, das Konzept eines außerkörperlichen Bewusstseins zu begreifen. Es gleicht einem Schachzug, der sich über die enge Begrenzung der 64 schwarz-weißen Felder eines Schachbretts hinwegsetzt und den Rahmen des Vorstellbaren sprengt.

Nahtodberichte gab es schon immer

Berichte über Nahtod-Erlebnisse sind dabei jedoch alles andere als eine neuzeitliche Erscheinung. Wenn sie sich auch seit den 1950er-Jahren, nach Bekanntwerden von Herzdruckmassage und anderen lebensrettenden Maßnahmen, stark vermehrt haben. Doch schon in den fast 2500 Jahre alten Aufzeichnungen des berühmten griechischen Philosophen Platon fällt die Geschichte des tot geglaubten Soldaten namens *Er* auf, der zehn Tage nach einer blutigen Schlacht aus einem tiefen Koma wieder erwachte. Platon, immerhin einer der bedeutendsten Philosophen der Geschichte, gibt dessen Bericht über seinen Besuch »in einer anderen Welt« wieder, der sehr den heutigen Schilderungen ähnelt, wenn auch gefärbt in das Kolorit der damaligen Kultur und Zeit. Dass es sich bei dem

Soldaten *Er* um eine historische Person handelt und keine von Platon erfundene Figur, darauf weist die genaue Identifikation des Soldaten hin: *Er* sei ein Sohn des Armenios, aus Pamphylien stammend – jenem Gebiet um die heute türkische Stadt Antalya.

Im einsetzenden Mittelalter häuften sich die Darstellungen über Nahtod-Erfahrungen vor allem durch einen berühmt gewordenen Erfahrungsbericht von Papst Gregor dem Großen aus dem 6. Jahrhundert n. Chr. Im »Buch der Dialoge« fasste er eine Sammlung von Nahtodberichten der damaligen Zeit zusammen, um den Beweis für die Unsterblichkeit zu führen. Auch hierin findet sich der Bericht eines tot geglaubten Soldaten wieder, der nach seiner Genesung eindeutig von Nahtod-Erfahrungen berichtete – er erzählte davon, dass er eine Brücke gesehen habe, »(...) unter welcher ein schwarzer, düsterer Strom dahinfloss, der einen Nebel von unerträglichem Gestank ausdünstete. Über der Brücke waren freundliche, grünende Wiesen, mit wohlriechenden Blumengebüschen geziert, auf welchen weißgekleidete Menschen beisammenzustehen schienen. Solcher Wohlgeruch herrschte an jenem Ort, dass die daselbst Lustwandelnden und Wohnenden ganz davon erfüllt waren.

Dort hatte jeder seine Wohnung, von herrlichem Licht durchglänzt. Dort wurde ein wunderbar herrliches Haus gebaut, zu dessen Errichtung man goldene Ziegel zu gebrauchen schien. (...) Auch an dem Ufer des erwähnten Stromes standen einige Wohnungen, aber die einen wurden von dem sich erhebenden übelriechenden Nebel berührt, die anderen dagegen berührte der vom Strom aufsteigende abscheuliche Geruch nicht. An dieser Brücke fand die

Prüfung statt: Wenn ein Ungerechter über sie gehen wollte, fiel er in den düsteren, übelriechenden Fluss; die Gerechten aber, welche von keiner Schuld behaftet waren, gelangten mit sicherem, freien Schritt zu den freundlicheren Wohnplätzen.«

In der mittelalterlichen Literatur finden sich schließlich unzählige weitere Berichte, die an Nahtod-Erfahrungen erinnern: Das fließende Licht der Gottheit zum Beispiel, das zentrale Werk der heiligen Mechthild von Magdeburg, das im 11. Jahrhundert niedergeschrieben wurde, handelt fast ausschließlich von Erlebnisberichten dieser Art. Zahlreiche Berichte von Beginen, Nonnen und Mönchen quer durch die Jahrhunderte könnte man dazulegen, und nahezu je der Bericht ekstatischer und mystischer Erlebnisse trägt Elemente einer Nahtod-Erfahrung, bis zum heutigen Tag. Dies macht die Erlebnisse jedoch nicht weniger glaubwürdig, sondern bestätigt doch eher noch die Ansicht, dass es sich um außersinnliche Wahrnehmungen handelt, die unserem Alltagsbewusstsein verschlossen bleiben (müssen).

Der Facharzt für Psychiatrie und Nahtodforscher Dr. Michael Schröter-Kunhardt macht darauf aufmerksam, dass viele Begebenheiten im Neuen Testament sehr an die heutigen Berichte von Nahtod-Erlebnissen erinnern. Er geht noch weiter und meint, die geschilderten Nahtod-Erlebnisse seien geradezu Voraussetzung dafür gewesen, dass sich das Christentum etablieren konnte. Hierfür führt er zum Beispiel die Erfahrung auf dem »Berg der Verklärung« an, bei der sich der betende Jesus vor den Augen seiner Jünger in ein geheimnisvolles Lichtgewand kleidete, er zu einem Lichtwesen mit leuchtendem Gesicht wurde:

»Sein Antlitz strahlte wie die Sonne und seine Kleider wurden weiß wie das Licht.«
MT 17.1–9

»Unser Wandel aber ist im Himmel, von dannen wir auch warten des Heilands Jesu Christi, des Herrn, welcher unsern nichtigen Leib verklären wird, daß er ähnlich werde seinem verklärten Leibe.«
PHIL 3.20–21

... und weiter:

»Auch gibt es Himmelskörper und irdische Körper. Die Schönheit der Himmelskörper ist anders als die der irdischen Körper. Der Glanz der Sonne ist anders als der Glanz des Mondes, anders als der Glanz der Sterne; denn auch die Gestirne unterscheiden sich durch ihren Glanz. So ist es auch mit der Auferstehung der Toten. Was gesät wird, ist verweslich, was auferweckt wird, unverweslich.«
1 KOR 15.40–42

Alle Beispiele aufzuführen, die sich der Bibel entnehmen ließen, würde vermutlich dieses Buch füllen.

Kulturelle Unterschiede sind erklärbar

Freilich gibt es große Unterschiede der Erlebnisberichte innerhalb der verschiedenen Kulturen. So ist zum Beispiel inzwischen klar, dass die Beschreibung eines Tunnels eher in westlichen Industrienationen vorkommt. In Japan dagegen ist eher der Topos eines schwarzen Flusses bekannt, der überquert werden muss, wofür man zuerst jedoch ein Boot oder einen Fährmann finden muss.

Die Erlebnisse bei Naturvölkern spiegeln dagegen deren Erfahrungshorizont und sozialen Hintergrund wider; so erzählte ein Mann von einer dreitägigen Kanufahrt über das Meer, bis er endlich an einer Insel strandete, die er dann als idealen Ort wahrnahm, als das, was wir vielleicht *Paradies* nennen würden. Das Weltbild, die religiöse Prägung und die gewachsene Kultur bedingen Unterschiede. Dies ist jedoch nicht weiter verwunderlich, denn auf unserer Kultur und unserer Herkunft beruht unser Selbstverständnis. Die Erlebnisse, die wir wohl in einem außerkörperlichen Bewusstsein hatten, werden durch unser diesseitiges Bewusstsein und unsere gedanklichen Bearbeitungen formuliert.

Wenn wir wieder zurückkommen, muss unser leibliches Gehirn die wahrgenommenen Eindrücke verarbeiten, auswerten und deuten. Ein Blinder, der plötzlich das erste Mal sieht, würde nur ein wirres Gemenge von Farben und Formen erkennen. Das Motiv selbst würde er nicht beschreiben können, da in ihm die dafür notwendige *Erkenntnisfähigkeit* noch nicht ausgebildet wurde. Eine

Nahtod-Erfahrung lässt sich kaum in Worte unserer Welt fassen – und wir können immer nur die Worte und Bilder nutzen, die wir aus unserem Erfahrungshorizont auch kennen. Es gleicht der Aufgabe, die Melodie eines Liedes mit Worten zu erklären, ohne je gelernt zu haben, Musiknoten zu lesen – das Ergebnis wird ungenau und kaum verständlich sein, mehrdeutig und unglaubwürdig. Es ist schlicht unmöglich.

Nahtod-Erlebnisse von Kindern

Interessant sind in diesem Zusammenhang vor allem auch die Nahtod-Erlebnisse, von denen uns Kinder berichten. Sie sind deswegen von so hohem Interesse, weil Kinder weniger im Verdacht stehen, tradierte Glaubensvorstellungen nachzuempfinden. Kinder erleben das Sterben anders als Erwachsene; unter sieben Jahren stellen sie sich den Tod als eine Art Urlaub vom Leben vor, die Vorstellung, nicht mehr zurückkehren zu können, ist ihnen fremd. Bis zum zehnten Lebensjahr haben Kinder meistens eine personalisierte Vorstellung von Tod, er ist ein Wesen, ein Kobold vielleicht. Die Angst vor dem Tod jedenfalls scheint nicht angeboren zu sein, sie ist uns nicht automatisch in die Wiege gelegt.

Die Erlebnisse sind häufig nicht so komplex wie die Erfahrungen Erwachsener, und doch sind sie im Grunde gleichen Inhalts. Die Lebensrückschau spielt keine große Rolle, was in Anbetracht der Kürze der bisherigen Lebensspanne von Kindern nicht verwunderlich ist. Im Unterschied zu Erwachsenen treffen sie viel häufiger auf Tiere, meist verstorbene Haustiere, ihre Katzen und Hunde. Sie treffen genauso auf verstorbene Verwandte, häufiger aber auf solche, die sie gar nicht kennen; erst im Nachhinein, manchmal Jahre später, finden sie heraus, um wen genau es sich gehandelt hat. Oft versuchen sie, das Erlebte in Bildern zu verarbeiten, die sie malen. Diese Bilder zeigen zum Beispiel in Licht getauchte Menschen, Spielszenen mit Gott, aber auch Situationen, die frei von jeder religiösen Einfärbung sind. Sie zeigen die verstorbene Oma, die verstorbenen Unbekannten und sogar die Seelen von ungeborenen Kindern, die auf ihre Geburt warten.

Einer der berühmtesten Sterbeforscher, Dr. Raymond Moody, hat viele Nahtodberichte von Kindern dokumentiert. So auch bei einem siebenjährigen Mädchen, das durch einen Unfall an seinen Kopfverletzungen fast verstorben wäre. Während die Ärzte um ihr Leben kämpften, fand sie sich in einem außergewöhnlich schönen Garten wieder, voller herrlicher Blumen. Es war wunderbar hell, warm und sonnig in diesem Garten, in dem sie sich neugierig umsah und plötzlich ein Wesen entdeckte, so voller leuchtender Schönheit, dass der Garten daneben verblasste. Sie fühlte sich rundherum geliebt und gestärkt und erzählte noch als erwachsene Frau, dass dieses Gefühl *der absoluten Annahme* das wunderbarste Gefühl war, das sie jemals erlebt hatte. In Worten, die sie spürte, aber nicht hörte, sagte das Wesen zu ihr: »Du willst also zurückgehen.« Sie antwortete in gleicher Weise: »Ja.« Auf die erspürte Frage, weswegen sie zurück in ihren Körper wolle, antwortete das Mädchen: »Weil meine Mutter mich braucht.« In diesem Moment bewegte sie sich in einem Tunnel abwärts und das Licht wurde immer kleiner. Als sie kein Licht mehr erkennen konnte, wachte sie auf – das Erste, was sie sagte: »Hallo Mama!« Bei der Erinnerung an dieses Erlebnis wird der Frau heute klar, dass sie in der Gegenwart dieses Wesens ausgereift und erwachsen gewesen war.

Meistens haben Kinder einen sehr offenen und unverkrampften Zugang zum Thema Tod. Dennoch geraten sie im Nachgang zu einer Nahtod-Erfahrung oftmals in seelische Not, denn der tief empfundene Wunsch, in dieser Welt der vollkommenen Liebe bleiben oder wieder dorthin zurückkehren zu wollen, bringt sie in einen Gewissenskonflikt. Darüber hinaus sind sie noch viel weniger dazu in der Lage, ihre Gefühle und Gedanken auszudrücken, und sind sich sehr unsicher, wem sie sich anvertrauen können. Es ist ratsam, mit Kindern nach einem ernsthaften Krankheitsfall intensiv über ihre »Träume« zu sprechen, die sie vielleicht gehabt haben mögen.

Geteilte Nahtod-Erfahrungen

Wer einen Sterbenden auf seinem Weg begleitet, der kann manchmal in sehr außergewöhnliche Situationen geraten. Sehr intensive Begleitungen können dazu führen, dass der Sterbende auch nach seinem Austritt aus seinem Körper, nach dem faktisch eingetretenen Tod, auf einer spirituellen Ebene ein Stück weiter begleitet wird. Auch zu diesen sogenannten »Shared near-death-experiences«, den geteilten Nahtod-Erfahrungen, gibt es viele Aufzeichnungen und genaue Dokumentationen, wiederum hauptsächlich von Dr. Raymond Moody.

In sehr seltenen Situationen werden von den die Sterbenden begleitenden Personen während des Todesaugenblicks eindeutige Phänomene wahrgenommen. Zuerst wird ein zarter, goldgrauer Nebel gesehen, der aus dem Körper des sterbenden Menschen zu dampfen scheint. In einigen Fällen wurde beschrieben, dass der Nebel die Körperform des Sterbenden annimmt und nach oben schwebt. Fast zeitgleich nehmen die Begleiter bei diesen außerkörperlichen Erfahrungen wahr, wie sie ihren eigenen Körper verlassen und frei im Raum schweben. Sie erzählen davon, dass sie ihren eigenen materiellen Körper und den des Sterbenden von oben betrachten konnten. Neben sich nehmen sie eindeutig die Seele oder den Geist des nun Verstorbenen wahr, hier kommt es sogar nochmals zu direktem Kontakt zueinander, der im Leben meistens nicht mehr möglich gewesen ist. In einigen Fällen beschreiben sie ein wunderbares Licht, das von irgendwo in den Raum sickert, ein Licht aus Frieden, Leichtigkeit und Liebe. Manchmal wird eine geheimnisvolle, unbeschreiblich schöne Sphärenmusik gehört, die die Szene begleitet, bevor sich nun die Wege endgültig trennen – denn ab einem bestimmten Punkt scheint die weitere Begleitung nicht mehr möglich zu sein. Vielleicht ist dies der Punkt hinter dem Tor, von dem aus es keine Rückkehr mehr gibt. Der oder die Verstorbene geht ein in das Licht, der Begleitende sinkt ruckartig zurück in seinen materiellen Körper und weiß: Wenn er nun die Augen öffnet, wird er allein im Raum sein. Neben sich nur noch die Hülle eines Menschen, der eben gegangen ist.

Ähnliche Erfahrungen können in den Todesmomenten von Menschen erlebt werden, die räumlich sehr weit entfernt sind. Bei manchen Ereignissen wusste der Begleitende nicht einmal, dass das Leben des sterbenden Menschen, der ihn um Beistand bittet oder sich verabschieden möchte, in Gefahr war. Hier sind es häufig Verwandte ersten Grades, die auf eine unsichtbare Weise miteinander in Verbindung zu stehen scheinen.

Sterbestunde

Begib dich in einen ruhigen Raum und stelle sicher, für einige Zeit ungestört und in aller Stille für dich sein zu können. Es ist nicht so günstig, die kommenden Minuten in der freien Natur zu verbringen, denn du wirst für eine Zeitlang die Augen schließen und dich deinen Vorstellungen hingeben. Vergiss nicht, Stift und Papier zur Hand zu haben. Finde eine bequeme Position, ob du sitzen, stehen oder liegen magst. Versuche zunächst, einfach da zu sein – so wie du jetzt da sein kannst. Spüre deinen Leib. Nimm wahr, was dich innerlich bewegt, und lege diese Gedanken nun auf die Seite. Lass den Atem frei fließen, er durchspült sanft deinen ganzen Körper. Ruhig kommt er, ruhig geht er. Gehe nun ins Bild:

Stell dir vor, du liegst in deinem Bett und wirst nun sterben. Die Hürde ist am dunklen Ende des Lebens, nicht am Beginn des lichten Todes. Du weißt, dass du nun gehen wirst. Nimm dir für jede der folgenden Fragen mindestens fünf Minuten Zeit. Überlege dir:

- wen du in diesen Stunden bei dir haben möchtest,
- in welcher Umgebung du sterben möchtest – in diesem Zimmer? Zu Hause? In einem Hospiz?
- In welcher Atmosphäre möchtest du sterben – wie soll dein Sterbezimmer aussehen und eingerichtet sein? Möchtest du Symbole bei dir haben?

- Möchtest du spirituellen Beistand – einen Pfarrer, eine Pfarrerin oder Freunde hierfür bei dir? Kennen die, die jetzt bei dir sind, deine Wünsche, die Texte, die du hören möchtest, die Meditationen und Gebete?
- Gibt es bestimmte Rituale, die durchgeführt werden sollen – wer kann sie leiten?
- Gibt es eine bestimmte Musik, gibt es Mantras oder heilende Chants, die du hören möchtest?

Nach 30 Minuten schreibst du die Antworten nieder. Es sind die *äußeren* Merkmale deines »Spirituellen Testaments«. Stell dir vor, du liegst in deinem Bett und stirbst. Du gehst vom dunklen Ende in einen lichten Anfang. Und nun blickst du zurück in dein vergangenes Leben – und nach vorn in das, das kommt. Nimm dir für jede der folgenden Fragen mindestens fünf Minuten Zeit. Überlege dir:

- Habe ich die Liebe in meinem Leben erkannt?
- Habe ich anderen vergeben und habe ich mir vergeben?
- Bin ich in die Versöhnung mit mir selbst gegangen?
- Habe ich die schönsten Momente meines vergangenen Lebens verinnerlicht?
- Habe ich eine, meine ganz eigene Vorstellung davon, was auf mich wartet?
- Habe ich meine ersten Worte verinnerlicht, die ich dem, das da kommen mag, sagen möchte, und
- worauf freue ich mich?

Nach etwa 30 Minuten schreibst du die Antworten nieder. Es sind die *inneren* Merkmale deines »Spirituellen Testaments«. Sie sind eingeschrieben in dein Herz. Du kannst sie nicht verlieren, weil du sie *bist*.

DER ABSCHIED

Und am Ende dieses Licht

Meine letzten Schritte in diesem Leben sind nicht anders als meine ersten – wacklig und unsicher, jederzeit drohe ich das Gleichgewicht zu verlieren und zu stürzen. Und nichts anderes wird passieren bei meinem allerletzten Schritt: Ich werde das Gleichgewicht verlieren und stürzen, ins bodenlose Unbekannte, nichts und niemand auf dieser Welt wird mich mehr halten können. Doch in Wirklichkeit benötige ich die Hilfe dieser Welt nicht mehr – ich bin ihr entwachsen. Es kommt der Moment, und ist vielleicht schon, in dem aus der Tiefe meiner Seele eine rätselhafte Sicherheit aufsteigt, dass mein Fall nicht in ein schwarzes Nichts führt, nicht in die Auflösung. Mein Fallen ist in Wirklichkeit ein Fliegen, doch von hier aus kann ich das so oft nicht erkennen. Konnte ich aus dem Mutterleib heraus erkennen, wohin mich diese Welt führen würde? Wurde ich mit dem Hineingang in diese Welt, mit der Geburt, gleichsam eingeatmet in den Kosmos der Dinge, so atmet mich der Tod aus, hinaus aus der Enge meines kleineren Ichs. Hinein in eine lichte Weite.

Die letzten Worte Jesu am Kreuz – Der Abschied

Sieben – die Magie dieser Zahl begleitet die Menschheit seit undenklichen Zeiten. Sie steht in allen großen Weltreligionen für die Ganzheit, für Fülle und Vollkommenheit.

Die Sieben spielt in unzähligen Mythen eine hervorgehobene Rolle, es gibt die »sieben Weltwunder«, die sieben Tage einer Woche, die alle ihre bestimmte Bedeutung haben, es gibt die sieben Tore zur Unterwelt in alten sumerischen Mythen – und es gibt die sieben Bitten des Vaterunsers.

Die Reihe ließe sich endlos fortführen, beispielsweise ist die am häufigsten genannte Lieblingszahl von Zahlen zwischen eins und neun: die Sieben. Genauso häufig wird Blau als Lieblingsfarbe genannt, und es mag kein Zufall sein, dass eine mythische Zahl und eine spirituelle Farbe uns so gut entsprechen, dass die Verhaltensforschung hierfür sogar einen Namen geprägt hat: das Blue-Seven-Phänomen. Sieben letzte Worte Jesu sind überliefert, Worte, die er in seinem Sterbeprozess sprach: Diese sieben Worte können uns heute ein Geländer sein, eine Leuchtspur am Himmel, an der wir uns bei unserem Flug orientieren mögen.

Ob sie tatsächlich so gesprochen wurden, wird oft angezweifelt. Vielleicht ist es wirklich so, dass sie von denjenigen, die sie vor rund 2000 Jahren zuerst mündlich weitertrugen, eingefärbt wurden, dass diese Worte durch viele Gedanken gespult wurden, die sie angepasst, umgewandelt und in ihre Traditionen einverwoben haben. Doch gerade dies hätte sie doch auch zu einem bleibenden Weisheitsschatz der Menschheit gemacht. Und so leuchten sie uns durch die Jahrhunderte, ob als Worte eines Gottessohnes oder als tradierte Weisheit der Menschheit.

Jedem sei selbst überlassen, sich ein Bild zu machen. Die Worte haben nicht nur für den Sterbeprozess eine tiefgründige Bedeutung, sondern – wie alles für das Sterben Bedeutsame – auch für mein Leben:

1. Vater, vergib ihnen, denn sie wissen nicht, was sie tun.
2. Amen, ich sage Dir: Heute noch wirst Du mit mir im Paradies sein.
3. Zu seiner Mutter: Frau, siehe Dein Sohn. Zum Jünger: Siehe Deine Mutter.
4. Mein Gott, mein Gott, warum hast Du mich verlassen?
5. Mich dürstet.
6. Es ist vollbracht.
7. Vater, in Deine Hände lege ich meinen Geist.

Ich kann nicht wissen, wann und wo und auf welche Weise ich eines Tages sterben werde. Doch Jesu letzte Worte am Kreuz offenbaren schon heute etwas vom Geheimnis meines persönlichen Todes und bringen etwas Licht ins Dunkel. Diese letzten Worte, gleichviel in welcher Reihenfolge betrachtet, ich muss sie mit dem Herzen *fassen, wie mit einer Hand,* um zu erkennen, wie vielschichtig das Mysterium der menschlichen Vollendung ist. Dann kann ich alle beengenden Bilder und Vorstellungen vom Ende meines Daseins weiten und muss weder in Agonie und Todesfurcht noch in heimtückischer Sehnsucht nach dem Ende meiner Tage leben.

Vater, vergib ihnen – denn sie wissen nicht, was sie tun (Lk 23.34)

Das erste Wort ist bezeichnend, um uns in einen Zustand zu führen, in dem wir gut sein und gut lassen können: Vergebung – Vergib mir. Meine Schuld. *Ich entschuldige mich*. Eine Binsenweisheit, auch dies: Sich selbst seiner Schuld zu entledigen, sich zu entschuldigen, sei nicht möglich. Das sanfte Antlitz des Todes taucht manche Lebensweisheit in weicheres Licht: so auch diese. Manchmal ist es nicht machbar, denjenigen, dem ich Leid zugefügt habe, um dessentwillen ich Schuld auf mich genommen habe, zu erreichen, aus welchen Gründen auch immer. Vielleicht auch, weil derjenige den finalen Abschiedsbesuch nicht wagt. Manchmal scheuen Menschen den allerletzten Besuch bei einem anderen, es fehlt Mut und Zuversicht. Meistens ist bei den Lebenden die sprachlose Angst vor dem Tod größer als bei den Sterbenden.

Und weil es so leicht ist, wird Schuld allzu oft verwechselt mit Unvermögen. Ich habe in allen Situationen immer nur so gehandelt, wie ich zu dieser Zeit zu handeln vermochte. – Im Rückblick oder aus den Augen eines anderen betrachtet, mag dies nicht gut gewesen sein. Doch heute ist nicht mehr der Tag, an dem es zu bewerten gilt. Frei von jeder Be-Wert-ung kann ich den Fluss meines Lebens wie von einer Berghöhe aus betrachten: wie es durch die Täler des Daseins mäandert, sich schlängelt und ab und an windet, manchmal in atemberaubender Geschwindigkeit die Felsabhänge hinunterrauscht, um sich bald wieder zu beruhigen und zu einem friedlichen, breiten Strom zu werden. Auch der Fluss kann nicht einfach seine Richtung ändern – Felsvorsprünge, große Felsen, Sandbänke zwingen ihn zu seinem Lauf. Flussläufe sind durch andere Kräfte und Mächte in das Land gegraben, lange bevor das heutige Wasser sie durchfließt. Das Flussbett zu verlassen ist schwer und manches Mal nicht möglich. Was in diesem bewertungsfreien Licht betrachtet von Schuld bleibt, ist *Anerkenntnis*. Der Schritt von diesem An-Erkennen hin zur An-Nahme der Dinge, wie sie sind, ist der Schritt zur Selbstvergebung. *Hier, in mir und meiner Vorstellungs-*

kraft ist der Ort, an dem Selbstvergebung geschehen kann und an dem der Mensch, der ich war, von dem Menschen, der ich bin, verzeihend in den Arm genommen, getröstet und gehalten werden kann. Dieser Ort ist in mir. Er ist konkret (vgl. S. 36ff.).

Amen, ich sage Dir: Heute noch wirst Du mit mir im Paradies sein (Lk 23.43)

Der zweite Satz ist ein auffallend strahlendes Hoffnungszeichen! Wenn dem gedungenen Mörder, der in seiner letzten Stunde seine Einstellung ändert, die Vergebung zugesagt wird und er mit dem Versprechen in seinen Tod aufbrechen kann, *heute noch* das Paradies zu betreten – um wie viel mehr darf dieses Versprechen auch für mich gelten! Und auch, wenn wir die Idee eines Paradieses heute so nicht mehr schätzen wollen – über einen schlichten Kindertraum hinaus steht das Paradies für die unendliche Weite, für niemals endende, die strahlende, lichtvolle Liebe, für die wir geschaffen sind, in die wir eingehen. Aber: war nicht genau das unser eigentlicher Kindertraum? *Heimweh?*

Christus vergibt mir stellvertretend für diejenigen Menschen, die dies zu tun vielleicht nicht in der Lage sind. Christus vergibt an meiner statt, wenn ich es nicht vermag. Ich kann nun meine Verfehlungen in Vergebungen verwandeln und sie getrost in seine Hände legen, auch dies in seine Hände. Will es mir nicht gelingen, um diese Gnade zu bitten, so kann ich mich im Geiste an diesen *konkreten Ort begeben, der in mir ist*, und hier in der Kraft meiner Vorstellung jeden Menschen darum bitten, diese Bestimmung für mich zu erfüllen.

Denn jeder Mensch birgt in sich etwas wie einen heiligen Raum, der in völliger Reinheit, unschuldig und unbefleckt, Zeugnis gibt von der Welt, aus der wir kamen – die Unschuld des Mutterleibs. Wir alle tragen die Unschuld in uns, in der wir im Mutterleib baden durften. Diese Unschuld kann uns nicht verlassen, sie ist immer mit uns, wer wir auch sind, wie auch immer wir gezeugt wurden, was auch immer wir getan und gelassen haben. Sie ist das Königliche in uns. Sie ist mit uns. Auf der Straße, im Dreck, in dem ganzen Schlamm dieser Welt. In stillen Momenten spüren wir sie. Andere nennen dies vielleicht: die Würde des Menschen. Sie durchdringt uns bis ins Mark, sie berührt – und ist doch *unantastbar*. In dem Moment, in dem wir sie erkennen, erkennen wir, was die Weisen aller Zeiten genannt haben: *das Gottesfünkchen*. Wir sehen es in dem Leuchten, das aus Kinderaugen zu uns spricht – heute entdecke ich es in mir: die Herrlichkeit Gottes. Stern, der ich bin.

Frau, siehe Dein Sohn – Siehe Deine Mutter (Joh 19.26–27)

Die Sorge um meine Lieben ist dann am größten, wenn ich glaube, für sie nichts mehr tun zu können. Doch, den Tod vor Augen, rücken alle Familienangehörigen enger zusammen – und das sind Verwandte genauso wie Freunde und oftmals auch die Haustiere, die treuen Begleiter. Familiensysteme werden neu justiert, Verantwortung wird neu verteilt und füreinander übernommen. Lange schon vergessene Bilder gemeinsamer Feste und Feiern werden zusammen angesehen, Geschichten werden ausgetauscht, Erinnerungen an längst schon Abgeschiedene, vielleicht vor Generationen schon verstorbene Vorfahren werden einander erzählt.

Über alle Religionen, alle Kulturen und Altersgrenzen hinweg ist zu beobachten, dass im Angesicht des Todes das Leben der anderen in den Mittelpunkt rückt. Im Sterben wird deutlich, dass die Liebe an unserem Lebenshimmel zum zentralen Gestirn aufsteigt. In dieser Liebe liegt aber auch die Botschaft verborgen, dass wir Menschen sterben mögen – doch unsere Beziehungen nicht. Die Beziehungen zueinander werden vom Tod berührt, sie klingen an wie die Saiten einer Harfe. Sie werden dabei nicht zerrissen, sondern geraten in tiefe Schwingung, in eine neue Größe, über Zeit und Raum hinaus. Nirgendwo ist Nähe so greifbar wie an einem Sterbebett – und dies meint nicht nur den tatsächlichen Raum, sondern schließt alle zu einem dichten Kreis zusammen, die mit ihrem Herzen und im Geist dabei sind: Seien sie auch auf der anderen Seite der Welt und in einer anderen Zeit. Die tiefen Beziehungen überdauern uns. Wie Leuchtfeuer spielen sie hinein in die Welten, in die wir gehen. Wir werden unsere Lieben nicht verlieren. Wenn wir es so wollen, werden wir ihnen sogar näher sein, als wir das in dieser Welt jemals konnten: »Ich bin Dir näher als das Licht der Lampe.«

Mein Gott, mein Gott, warum hast Du mich verlassen? (Mk 15.34)

Manchmal kommen wir im Leben an einen Punkt, an dem Worte die falsche Sprache sind. Wenn uns alles verlassen hat und wir in der dunklen Nacht die Einsamkeit spüren, die »*Alleingelassensein*« ist. Hilflos den vielen Mächten ausgeliefert, die wir nicht einzuschätzen vermögen, die uns vielleicht Angst machen, weil sie sogar noch in der Nacht, die wir durchschreiten, Schatten werfen. Mehr als je zuvor spüren wir, wie sehr wir nur Bruchstück sind in dieser Welt, unvollkommen und versehrt wie eine Tonscherbe.

Mein Tod kann ein solcher Punkt im Leben sein. Mein körperliches Leid, die Verzweiflung, der ganze Schmerz wird Vernichtungsschmerz und kulminiert in diesem einen Punkt wie in einer Messerspitze. Dann bricht sich ein Schrei aus den Tiefen meiner Seele Bahn, er durchwühlt diese Welt in ihrer ganzen Breite und durchbricht den Himmel. Durch seine tiefgründige Ehrlichkeit wird dieser Schrei wortloses Gebet und drückt mit aller Kraft die ganze Klage, die Angst, die Wut aus, die in mir brennt.

Dieser abgrundtiefe Schmerz kommt bei Sterbenden genauso vor wie bei Menschen, die den Nächsten verlieren und an der Welt verzweifeln mögen, weil sie in Trauer untergehen. Gebetsschreie sind in der christlichen mystischen Tradition verwurzelt und sind zutiefst menschlich, denn sie entspringen unserer hilflosen Sprachlosigkeit im Angesicht des Todes. Nichts daran ist verkehrt. Von Jesus sind diese zwei Schreie im Markusevangelium überliefert: »Mein Gott, mein Gott, warum hast Du mich verlassen?« Daran schließt sich ein wortloser, letzter Schrei, mit dem sein Leben endet und er seinen Geist aushaucht (Mk 15.37).

Andere Übersetzungen zeigen den Wortlaut aber in einem etwas anderen Licht: »Mein Gott, mein Gott, *wozu* hast Du mich verlassen?« Diese Abwandlung kann ein Hinweis darauf sein, dass unter allem Entsetzen, allem unbegreiflichen Leid ein Sinn stecken mag, der sich mir noch nicht aufschließen will. Auf die »Warums?« dieser Welt gibt es zu häufig keine Antwort, auch Gott ist zu oft keine. Die Frage: »Wozu?« aber deutet darauf hin, dass es ein *Danach* gibt, dass das, was gerade jetzt geschieht, Ursache ist – und nun Wirkung werden will. *Geburtsschmerz.* Vielleicht muss der geliebte Mensch gehen, weil sein tätiges Wirken anderenorts gebraucht wird – vielleicht muss ich gehen, weil mein tätiges Wirken hier nicht mehr benötigt wird, sinnlos geworden ist. Vielleicht soll dort *ganz* werden, was hier *Bruchstück* war. Vielleicht aber sind all diese Antworten zu kindlich, weil unser Geist nicht ausreicht, die Wirklichkeit zu erfassen. In einer Welt des *Möglichen* muss manches ein *Vielleicht* bleiben.

Mich dürstet (Joh 19.28)

Letzte gemeinsame Mahlzeiten festigen das Gefühl, zusammenzugehören, gehören oft zu den seltenen Dingen, die meine Angehörigen, meine Nächsten für mich noch aktiv gestalten können. Die wenigen Momente, die wir gemeinsam erleben können, sind wertvoll, denn der Weg ist vorgezeichnet, und bald schon sind sie Vergangenheit. Im Fortgang des Todes ist es oft nicht ratsam, den Sterbenden noch Flüssigkeit einzuflößen – Durst wird als solches nicht mehr empfunden, allenfalls ist es die Trockenheit der Mundschleimhäute, die noch ganz erheblichen Leidensdruck auslöst. Deswegen bin ich dankbar, wenn mir mit kleinen Sprühflaschen vorsichtig der meistens offen stehende Mund befeuchtet wird, die Lippen mit Balsam eingecremt werden. Unter der vierten Bitte des Vaterunsers, »Unser tägliches Brot gib uns heute«, ist nicht ausschließlich die Ernährung des Körpers zu verstehen, sondern auch die des Geistes. Durst kann in diesem Zusammenhang genauso als Metapher verstanden werden, als die er in der Bibel auch häufig genutzt wird.

»Wer Durst hat, komme zu mir, und es trinke, wer an mich glaubt – wie die Schrift sagt: Aus seinem Inneren werden Ströme von lebendigem Wasser fließen.«
Joh 7.37

Das Verlangen nach Leben, nach spiritueller Erfüllung, nach Zuneigung und Hinwendung – dieses Verlangen wird im Sterbebett kurz vor dem Abschied sehr konkret; diesen Hunger kann kein Brot und diesen Durst kann kein Wasser mehr stillen. Ich ahne meinen Brunnen in einem anderen Land. Mehr und mehr erkenne ich nun meinen Weg und spüre einen Zug, eine Orientierung, etwas drängt mich nach vorn, hinaus aus der Verlassenheit der dunklen Nacht, in der ich mich befinden mag. Es ist die Zeit, in der ich beginne, unruhig an meinen Laken zu zupfen, in der ich vielleicht mit den Armen rudere, um voranzukommen und mich zu befreien. In dieser Welt gibt es für mich nur noch ein Gestern – »morgen« ist in einem anderen Land. Meine Bewegungen entspringen bereits meinem Geist und stranden doch noch immer in meinem Körper, wo sie hilflos versanden. Sie mögen meinen Lieben um mich herum befremdlich erscheinen und sie zunehmend mit Sorge erfüllen. Ihre liebevollen Segen, Gedanken und Gebete tragen mich nun wie Wind unter meinen Flügeln. Ich bin auf dem Weg.

Es ist vollbracht (Joh 19.30)

Das große Lebenswerk, das in den Buchstaben des sechsten Wortes mitschwingt, haben die wenigsten Menschen geschafft. Es muss wahrlich ein Gottessohn gewesen sein, der diese Worte aussprechen konnte. Daneben komme ich mir klein und nichtig vor. Doch bei genauerem Hinsehen ist das vielleicht gar nicht so. Gewiss hat niemand je von mir erwartet, die Welt zu erlösen. Jesus hat das Ziel seines Lebens und Sterbens erreicht – er hat den Himmel für die Welt erschlossen, mit seiner Liebe beide füreinander durchlässig gemacht. Einverwoben in eine ewige Unendlichkeit spüre ich wie durch Nebel die unbegreifliche Verbundenheit mit ihr. In der Rückschau meines Lebens beginne ich nun in eine andere Wahrnehmung zu wachsen. Als sei ich eine Kugel und die Geschehnisse meines Lebens in ihrem Mittelpunkt, fließen die Bilder meines vergangenen Lebens an mir vorüber, durch mich hindurch. Alles, jeder Gedanke, jedes Gefühl, das mein Dasein in anderen Menschen jemals ausgelöst hat, empfinde ich nun in mir. Als umfasse mein Sein alles, was jemals war, in einem Moment.

Vater, in Deine Hände lege ich meinen Geist (Lk 23.46)

Mit diesen Worten haucht der Sterbende seinen Geist aus. Und weiß ihn *von guten Mächten wunderbar geborgen.* Ich möchte nun zustimmen. Ich möchte Ja! sagen zu mir, in bedingungsloser Klarheit. Meine Unzulänglichkeiten, meine Fehler, all der Schmerz, sie dürfen sein. Sie gehören zu mir wie meine Schönheit. Im zerfließenden Licht der Welten werden sie eins.

Was von uns bleibt

Wenn wir eines Tages aus dieser Welt gegangen sein werden, werden wir trotzdem noch immer auf vielfältige Weise hier wirken. Wir bleiben in den Herzen derer, die uns lieben, und manchmal auch in der Erinnerung derer, die uns nicht so mögen. Doch was wird noch fortdauern von uns? Papst Benedikt macht darauf aufmerksam, dass viele von uns unser Weiterleben nach dem Tod durch unsere Nachkommenschaft erreichen wollen. Der Name soll weiter Bestand haben, und durch die *Lebensweitergabe* an unsere Kinder soll auch etwas von unserer Substanz in dieser Welt verbleiben. Ganz bestimmt ist es so, wenn aus meinen Zellen in Verschmelzung mit einem anderen Menschen, wie durch ein Wunder, ein neues Wesen entsteht. Andere wiederum möchten Unsterblichkeit durch Taten und Errungenschaften, sprich: durch Berühmtheit erlangen. Im Gedenken der Menschheit festgehalten, möchten sie nicht lassen von dieser Welt – eine Einstellung, die im alten Rom ihren Anfang nahm und heute bei »Deutschland sucht den Superstar« angekommen ist.

Den Gedanken eines *Welleneffekts* entwickelt dagegen der Psychotherapeut Irvin D. Yalom. Er erzählt davon, dass jede unserer Handlungen, jede Aktivität, konzentrische Einflusskreise erzeugt, die sich wie Wellen auf der Wasseroberfläche nach einem Steinwurf in alle Richtungen ausbreiten. Der Einfluss, den wir mit unseren Handlungen auf andere Menschen ausgeübt haben, wird zu einem geringeren Teil wiederum auf andere Menschen weitergeleitet und wirkt sich so ewig fort, selbst über Generationen hinweg: Etwas von uns bleibt und wirkt. Vielleicht Weisheit, Anleitung, Trost, etwas, das sich auf andere überträgt – ganz bestimmt also unsere Liebe. Wie ein Impuls, eine Willenskraft, die im Grunde niemals vergeht und von Mensch zu Mensch in einer ewigen Kette weitergereicht wird. Letztlich kann ich gar nicht »nicht-handeln«. Viele meiner Unterlassungen wirken sich folgenschwer auf meine Mitmenschen aus. Und so bliebe von jeder Sekunde meines Lebens ein Rest für immer in dieser Welt, wie klein auch immer er sein mag. *Tu' es aus Liebe* klingt im Ohr. Nicht anders ist es mit Beziehungen, die wir in unseren Herzen tragen. Beziehungen sind ganz besondere Bande, die über die Grenzen hinaus Bestand haben, in denen wir über die Lebensgrenzen hinaus weiterwirken. Wir vergessen sie nicht. Menschen mögen sterben – Beziehungen nicht.

Jenseitsvorstellungen

Leben ist die uns zugewandte, sichtbare Seite des Mondes – der Tod die unsichtbare, scheinbar dem Dunkel zugewandte. In Wirklichkeit aber kann die jenseitige Halbkugel des Mondes vom gleißenden Lebenslicht der Sonne überflutet sein, heller wahrscheinlich, als unsere Augen es ertrügen. Doch dies bleibt uns verschleiert und unvorstellbar. *Weil wir in dieser Welt immer nur das sehen, was wir auch denken können, denken wir immer nur das, was wir auch sehen können.* Die Berichte von Nahtod-Erfahrungen gab es schon immer – darüber hinaus gab es aber auch schon immer außergewöhnliche Menschen, die von ihren Visionen von einem Leben nach dem Tod erzählten. Visionen haben ihren Ursprung immer in der Erkenntnis- und Wahrnehmungsfähigkeit desjenigen, der sie hat – daher kommen uns ihre Erklärungsversuche manchmal sehr schräg und kaum nachvollziehbar vor. Aber es ist doch kaum verwunderlich, dass man für das Unaussprechliche nur schwer Worte findet. Darüber hinaus teilt sich die jenseitige Welt sicherlich nicht jedem gleich in ausgefeilter Erzählform mit, wie wir das von Reiseberichten erwarten würden.

Visionen kommen als psychische Energie – Eindrücke, die als Worte, Bilder, Töne oder Klang empfunden und erst dann von unseren begrenzten Verstandesmöglichkeiten gedeutet werden. Deswegen gleichen sich die Berichte alle in ihrer Struktur, unterscheiden sich aber sehr in ihren Ausführungen, die immer kulturell, historisch und religiös eingefärbt sind. So hat jede Zeit, jede Kultur und jede Religion ihre eigenen Seher. Es haben sich verschiedenste Formen der Berichte ausgebildet und alle haben sie eines gemeinsam: Sie sind entweder Kunst oder Glaube. Homer hat in der Antike die griechische Mythologie in seinem Epos »Odyssee« niedergeschrieben, Wolfram von Eschenbach Jahrhunderte später den »Parzival« als Versroman. Spirituelle Malerei, die Musik eines Johann Sebastian Bach, Mystikerinnen und Mystiker wie Hildegard von Bingen hierzulande, Maulana Dschelaleddin Rumi Tausende Kilometer entfernt und unzählige andere.

»Von meiner Kindheit an erfreue ich mich der Gabe dieser Schau in meiner Seele bis zur gegenwärtigen Stunde, wo ich doch schon mehr als 70 Jahre alt bin. Und meine Seele steigt – wie Gott will – in dieser Schau empor bis in die Höhe des Firmaments (...) Ich sehe aber die Dinge nicht mit den äußeren Augen und höre sie nicht mit den äußeren Ohren. Auch nehme ich sie nicht mit den Gedanken meines Herzens wahr, noch durch irgendwelche Vermittlung meiner fünf Sinne. Ich sehe sie vielmehr einzig mit meiner Seele, mit offenen leiblichen Augen, sodass ich dabei niemals die Bewusstlosigkeit der Ekstase erlebe, sondern wachend schaue ich dies bei Tag und Nacht.«

HILDEGARD VON BINGEN (1098–1179)

Jakob Böhme, Franz Bader, Angelus Silesius, Anna Katherina Emmerich, Josef Görres, Emanuel Swedenborg und, eher in unserer Zeit, Eckhart Tolle, Bô Yin Râ, Thomas Keating, Thomas Merton, sie alle sind nur eine kleine Aufzählung. Im Querschnitt der Jahrtausende erzählen sie alle in anderen Worten, Bildern und Tönen immer wieder die gleiche Geschichte: *Da ist kein Ende*. Ich möchte ihnen glauben.

»Wenn sie am Tage des Todes
tief in die Erde mich senken,
dass mein Herz dann noch auf Erden
weile, darfst du nicht denken (...)
Siehst meine Bahre du ziehen,
lass‘ das Wort Trennung nicht hören,
weil mir dann ewig ersehntes

Treffen und Finden gehören!
Klage nicht ›Abschied, ach Abschied!‹
wenn man ins Grab mich geleitet:
Ist mir doch selige Ankunft
hinter dem Vorhang bereitet.«
MAULANA DSCHELALEDDIN RUMI (1207–1273)

Dennoch kann ich hier, vor dem Vorhang, keine absolute Sicherheit über den Tod erlangen, und wenn er in meinem Umfeld geschieht und einen nahen Menschen aus dem Leben reißt, versinke ich in namenloser Trauer. Vielleicht brauchen wir aber dieses Leid, denn oftmals offenbart sich erst jetzt etwas von unserer wahren Tiefe, die wir im Betrieb des Alltags kaum erahnen.

Die befreiende Macht der Klage

Eine heilende Kraft kann sich dann in der Trauer entfalten, wenn sie zur Klage wird. Die Klage öffnet den Menschen für die Wirklichkeit, sie ist therapeutisch wirksam, sie heilt von innen. Ich mag den Tod eines lieben Menschen betrauern oder eine schlechte Diagnose für mein eigenes Leben erhalten haben: Wo stumme Trauer sich in Klage wandelt, beendet sie die Verdrängung oder gar das sprachlose Entsetzen, mit dem wir vor dem Verlust stehen, den wir nicht fassen können. Klage erkennt die Wirklichkeit an. Erst die Klage schafft den Zugang zur Seele, die in Trauer erstarrt zu sein scheint. Sie löst sich vom passiven Erdulden des Elends und *klagt an*, sie ist ein »Schrei vor dem Verstummen«. Einige christliche Psalmen sind Klagelieder, sie bringen menschliches Leid als Vorwurf lauthals vor Gott. Indem ich klage, *anklage*, gestehe ich meine Angst und Ohnmacht ein und beginne zu erkennen, dass ich die Situation nicht mehr ändern kann. Gleichzeitig keimt aber eine Ahnung davon auf, welche neuen Möglichkeiten der neue Weg bereithält, der nun vor mir liegt. Die »Gabe der Tränen«, von der bereits Ignatius von Loyola spricht, hat eine lange mystisch-christologische Tradition. Und: Gott »(…) wird alle Tränen von ihren Augen abwischen: Der Tod wird nicht mehr sein, keine Trauer, keine Klage, keine Mühsal. Denn was früher war, ist vergangen.« (Off 21.4) Tränen sind die sichtbaren Wegmarken, die der Welt ein vielleicht lange verschlossenes Tor zu unserer verletzten Seele öffnen. Leider ist die Klage heute nicht mehr üblich; dabei wäre sie ein starkes Zeichen gegen unsere gefühlsarme Kultur der verbissenen Zuversicht und Selbstbeherrschung, in der Trauer wenig Platz hat. Wir sehen die Tränen, doch sie berühren nicht. *Tief betroffen* sind wir nur noch in Todesanzeigen und gehen dann übergangslos zur Tagesordnung über.

Leid ist vergänglich – wir sind es nicht

Nichts ist natürlicher als die Trauer um den Tod eines nahen Menschen. Doch betrauere ich da nicht den *Heimgang* eines geliebten Menschen – dem ich doch alles Licht und

Glück der anderen Welt von Herzen gönne und wünsche? Ich kann nicht wissen, was geschehen wäre, hätte es nicht diesen fürchterlichen Unfall in dieser Sekunde gegeben oder diese schreckliche Krankheit. Er hat sich vielleicht von großen Schmerzen verabschieden dürfen und ist vorausgegangen. Ist da nicht auch die Traurigkeit, ihn oder sie nun hier auf dieser Welt nicht mehr zu sehen, ihn nicht mehr berühren, riechen, schmecken, nicht mehr für mich *haben* zu können? Freilich ist es nur allzu verständlich und nichts daran ist verkehrt, den eigenen Verlust zu betrauern, *um* den Verstorbenen zu trauern. Doch nach allem, was wir wissen und seit Menschengedenken tausendfach bestätigt bekommen haben: Es gibt wohl keinen Grund, den Verstorbenen *selbst* zu betrauern. Wir müssten tanzen für ihn. Und so zeigt sich der Tod immer mit einem Janusgesicht: Von der einen Seite sehen wir ihn mit unseren irdischen Augen, sehen das Schreckliche der Vernichtung, sehen die Todeskrämpfe und manchmal auch entsetzliches körperliches Leid, Unfälle und Schicksalsschläge, die uns erstarren lassen. Auf der anderen Seite jedoch spüren wir die Freude, die Befreiung, die Erleichterung und das Lichtgeschehen voller Liebe und Erlösung.

Wenn wir doch nur Freude so tief empfinden würden wie Trauer – dann gäbe es vielleicht mehr Glücks- als Panikattacken und mehr Freude als Angststörungen. Mehr *durchlachte* Nächte als durchwachte. Wenn wir den Tod nicht in unser Leben lassen, wird er eines Tages einbrechen und als *Dieb in der Nacht* vor uns stehen. Vielleicht müssen wir es nicht den Mexikanern gleichtun und einmal im Jahr zwischen Gräbern singen. Aber vielleicht sollten wir ihn manchmal einfach ein bisschen feiern und als großen Freund des Lebens in unserer Runde willkommen heißen: den Tod.

***

Engelbegleiter

Ich sah meinen Engel im schillernden Kleid
als ernstvolle Säule aus erzenen Bändern:
Sein Bildnis standhaft-eherner Königheit
war Wehen und Flammen an seinen
mäandernden Rändern,
sein Antlitz aus fließenden, klingenden Metallen
trug in sich die Wucht aus Sturz und Fallen.

In seinem Blick war das Wesen des Lebens,
das das Sterben als Werden von Tod nie gekannt.
Doch am Rand seines himmlischen engelnden Schwebens
stand ein beißender Rauch aus tödlichem Brand.
Er war ganz nah meinem brennenden Leib
und er atmete Hölle – er tastete Leid.

Er fühlte die Not der Enge des Todes,
war staunendes Stehen, ein leise rieselnder Regen,
und ganz ein Blick des Gottesgebotes,
die Hand zu sein, die ich kannte als Segen.
Denn er kannte den Weg durch die engende Kluft
und wirkte ziehend in Wasser und Luft.

Und wenn mein Feuer brannte zu lau,
war wie ein Fächer sein Gewand,
und wenn es zu hoch, war er der Tau,
die nässende Decke auf loderndem Land.
Ein Lächeln der Liebe gab er mir nicht –
doch sein Wesen war reinstes Liebeslicht.

Sein Mund blieb stumm, er sprach aus der Augen Glanz,
und Wahrheit war er in seinem Bilde,
und etwas in ihm war größer als er und ganz:
Es glänzte auf seinem Ernst wie ein Schimmer aus Milde
und rief mich an, selbst Wahrheit zu sein –
und zu sterben in das Leben des Christus hinein.

PARSEFAL ST. THRAKENGRÜN (PSEUD.)

Zum Weiterlesen

Alexander, Eben: Blick in die Ewigkeit: Die faszinierende Nahtoderfahrung eines Neurochirurgen, München: Ansata 2013.

Amery, Jean: Hand an sich legen – Diskurs über den Freitod, Stuttgart: Klett-Cotta 2019.

Arvay, Clemens G.: Der Heilungscode der Natur, München: Goldmann 2018.

Bachofen, J. J.: Urreligion und antike Symbole, Leipzig: Philipp Reclam Junior 1926.

Behrendt, Joachim-Ernst: Joa Nada Brahma – Die Welt ist Klang, Frankfurt: Suhrkamp 2007.

Bô Yin Râ: Die königliche Kunst, Das Buch vom Jenseits,. Hortus Conclusus u.a., 3. Auflage Bern: Kober 1948.

Böhme, Jakob (hg. von Gerhard Wehr): Aurora oder Morgenröte im Aufgang, Wiesbaden: Marix Verlag im Verlagshaus Römerweg 2013.

Borasio, Gian Domenico: Über das Sterben, München: dtv 2013.

Daiker, Angelika: Versöhnt sterben, Ostfildern: Patmos 2014.

Dreßke, Stefan: Sterbebegleitung und Hospizkultur. In: Aus Politik und Zeitgeschichte 2008, Heft 1.

Feldmann, Klaus: Sterben, Sterbehilfe, Töten, Suizid. Bausteine für eine kritische Thanatologie und für eine Kultivierungstheorie. http://www.feldmann-k.de/tl_files/kfeldmann/pdf/thantosoziologie/sterben_sterbehilfe_toeten_suizid_kurzfassung.pdf

Gennep, Arnold van: Übergangsriten, Frankfurt/Main: Campus 2005 (zuerst erschienen 1909).

Göckenjan, Gerd: Sterben in unserer Gesellschaft – Ideale und Wirklichkeiten. In: Aus Politik und Zeitgeschichte 2008, Heft 4, S. 1

Hartmann, Otto Julius: Wir und die Toten, Frankfurt/Main: Klostermann 1946.

Imhof, Arthur E.: Die Kunst des Sterbens, Stuttgart: Hirzel 1998.

Jakoby, Bernard: Das Tor zum Himmel. Was wir aus Nahtoderfahrungen für das Leben lernen können, Stuttgart: Nymphenburger 2016.

Jakoby, Bernard: Trost und Hilfe aus dem Jenseits: Gespräche mit Verstorbenen, Stuttgart: Nymphenburger 2019.

Knoblauch, Hubert: Berichte aus dem Jenseits, Freiburg: Herder 1999.

Kutter, Erni: Schwester Tod, München: Kösel 2010.

Lipton, Bruce: Intelligente Zellen. Wie Erfahrungen unsere Gene steuern, Dorfen: KOHA 2016.

Magnusson, Margareta: The Gentle Art of Swedish Death Cleaning: How to Free Yourself and Your Family from a Lifetime of Clutter, Edinburgh: Canongate Books 2017.

Moody, Raymond: Das Licht von drüben: Neue Fragen und Antworten, Reinbek: Rowohlt 2004.

Noll, Peter: Diktate über Sterben und Tod, Zürich: Pendo 2005.

Nouwen, Henri: Ich hörte auf die Stille: Sieben Monate im Kloster, Freiburg: Herder 2018.

Papst Benedikt, Joseph Ratzinger: Gesammelte Schriften Band 10, Freiburg: Herder 2012.

Reddemann, Luise: Imagination als heilsame Kraft, Stuttgart: Klett-Cotta 2005.

Renz, Monika: Hinüber gehen, Freiburg: Herder 2016.

Renz, Monika: Zeugnisse Sterbender – Todesnähe als Wandlung und letzte Reifung, Paderborn: Junfermann 2001.

Rosenberg, Stanley: Der Selbstheilungsnerv, Kirchzarten: VAK Verlags GmbH 2019.

Saake, Irmhild: Gegenwarten des Todes im 21. Jahrhundert. In: Aus Politik und Zeitgeschichte 2008, Heft 4, S. 5–6.

Scheurle, Hans-Jürgen: Das Gehirn ist nicht einsam: Resonanzen zwischen Gehirn, Leib und Umwelt, Stuttgart: Kohlhammer 2016.

Steiner, Rudolf: Die Liebe und ihre Bedeutung in der Welt (Vortrag Zürich, 17.12.1912), Dornach: Steiner 1991.

Steiner, Rudolf: Geheimwissenschaft im Umriss, Dornach: Steiner 2005.

Steins, Georg: Schweigen wäre gotteslästerlich. Die heilende Kraft der Klage, Würzburg: Echter 2000.

Wackenroder, Wilhelm Heinrich: Herzensergießungen eines kunstliebenden Klosterbruders, Berlin: Unger 1797.

Ware, Bronnie: 5 Dinge, die Sterbende am meisten bereuen, München: Arkana 2013.

Yalom, Irvin D.: In die Sonne schauen. Wie man die Angst vor dem Tod überwindet, München: btb 2010.

Zapf, Josef: Die mystische Erfahrung als Hinweis auf ein Fortleben nach dem Tode, Gräfelfing: Resch 1980.

Zsok, Otto: Musik und Transzendenz, St. Ottilien: EOS Verlag, 1998.

Hilfreiche Links

Deutsches Ärzteblatt vom 9.10.2017: Umfrage des Deutschen Hospiz- und Palliativverbandes (DHPV):

https://www.dhpv.de/service_forschung_detail/items/bevoelkerungsbefragung-sterben-in-deutschland-wissen-und-einstellungen-zum-sterben-2017.html

Interview mit Andrea Pfeifer: https://www.youtube.com/watch?v=457GuSEq5E

Interview mit Bernard Jacoby: https://www.youtube.com/watch?v=XfmXwiUJ7K4

https://www.dbk.de/themen/christliche-patientenvorsorge/

https://www.focus.de/digital/computer/apple/tid-23813/steve-jobs-bewegendste-rede-der-tod-ist-die-beste-erfindung-des-lebens_aid_671953.html

https://www.sepulkralmuseum.de/

https://www.vorsorgeregister.de/ (Stand 11/2019)

https://www.letztehilfe.info/

https://wegweiser-hospiz-palliativmedizin.de/

https://www.deutscher-kinderhospizverein.de/nc/kinder-und-jugendhospizarbeit-in-deutschland/standort/

https://www.kbv.de/html/ (Kassenärztliche Bundesvereinigung)

https://www.zeit.de/wissen/gesundheit/2017-05/lebenserwartung-deutschland-demografie-alter-jahrgang-mann-frau (abgerufen am 20.10.2019)

Vgl. hierzu auch den »Lebenserwartungsrechner« des Max-Planck-Instituts für demografische Forschung: https://7jahrelaenger.de/lebenserwartungsrechner/ (abgerufen am 20.10.2019)

http://userpage.fu-berlin.de/~history1/ks/bild2a.htm (abgerufen am 20.10.2019)
https://www.nzz.ch/meinung/debatte/die-neue-kunst-zu-sterben-1.18665624?mktcid=smsh&mktcval=E-mail (abgerufen am 27.10.2019)

Zum Thema Freitod:

Hilfsangebote finden Sie bestimmt in Ihrer Nähe und unter: www.u25.de, www.frnd.de, https://beratungsstelle.neuhland.net/, www.ak-leben.de, www.suizidprophylaxe.de

Sofortige Hilfe erhalten Sie rund um die Uhr bei der Telefonseelsorge unter der bundeseinheitlichen kostenlosen Rufnummer 0800 – 111 0 111 oder 0800 – 111 0 222 und im Internet unter www.telefonseelsorge.de

Register

Mit Verstorbenen in Kontakt treten

Botschaften aus dem Jenseits – obwohl viele Menschen von solchen Erfahrungen berichten können, ist das Thema Kommunikation mit Verstorbenen noch immer tabubesetzt. Der bekannte Sterbeforscher Bernard Jakoby vermittelt anhand vieler seriöser Beispiele das aktuelle Wissen zum Thema Nachtodkommunikation und beschreibt die Möglichkeiten, mit Verstorbenen in Kontakt zu treten, etwa durch Meditation und Geistesgegenwart. Anhand zahlreicher Erfahrungsberichte aus aller Welt motiviert er seine Leser, sich ohne Dogmen und falsche Scham mit der jenseitigen Welt zu befassen.

Bernard Jakoby
TROST UND HILFE AUS DEM JENSEITS
224 Seiten · ISBN 978-3-485-02936-0
Auch als E-Book erhältlich

nymphenburger

kosmos.de/nymphenburger